AF388154

Impressum:

© 2020 Hg. Edna Erika Huppert
© für einzelne Beiträge bei den Autoren

Idee und Gestaltung: Edna Erika Huppert
Lektorat, Korrektorat: Sofia. S. Künker
Umschlagsbild: Auszug aus dem Katalog BALANCE von Leslie Huppert
Umschlaggestaltung- und Bildbearbeitung: Miriam Patty
Satz: Edna Erika Huppert, Sofia S. Künker

Verlag & Druck: tredition GmbH, Halenreie 40-44, 22359 Hamburg

ISBN: 978-3-347-13029-6
ISBN: 978-3-347-13030-2
ISBN: 978-3-347-13031-9

Bibliografische Information der Deutschen Nationalbibliothek:
Die Deutsche Nationalbibliothek verzeichnet diese Publikation in der Deutschen Nationalbibliografie; detaillierte bibliografische Daten sind im Internet über http://dnb.dnb.de abrufbar.

KREUZBERG 36

36 Federzeichnungen von Otto Lackenmacher

erschienen 1980 im Verlag DAS HAUS
Gesamtherstellung:
Otto Lackenmacher, Reinhold Hug, Edna Schmidt (Huppert)

und

Texte anderer Zeitreisender

Edna E. Huppert
Wolfgang Künker
Avi Brand
Enzo Grappa
Ulf Wagner
Hilmar Ebert
Christoph Mackert
Luzie Saxophon
Uli Menze
Tirell LDR

aus Arche Noah / Versuchsstation Leben I

Hilmar Alquiros
Haifischkinder

Bildauszüge aus dem Katalog BALANCE
von Leslie Huppert

DEN ZWIESPALT SCHÜREN
DIE GEGENSÄTZE VEREINEN
IM CHAOS DES AKZEPTIERENS

Ich bin gerade in den letzten Wehen mit diesem
Zwiespalt der Gefühle, und schon sammeln sich
die Geister für ein Neues.
Es ist auch dies schon von mir entfernt,
ich werde vieles aus der Erinnerung
heraufholen müssen, will ich es für mich
wieder so stark lebendig werden lassen.
Aber eigentlich lebt es ja schon wieder an jeder Ecke,
auf der Straße, im Hof. Auf jedem Platz die Sonne
und das Geplapper der Leute. Es rauscht an mir vorbei
und kommt zu mir wie ein lebendiger Strom.
Es fließt und fließt wieder zusammen.
Die Zusammenhänge tauchen aus der Versenkung
wieder auf.
Ich bin rund mal wieder und im Einklang mit meiner
Umgebung Kreuzberg 36.

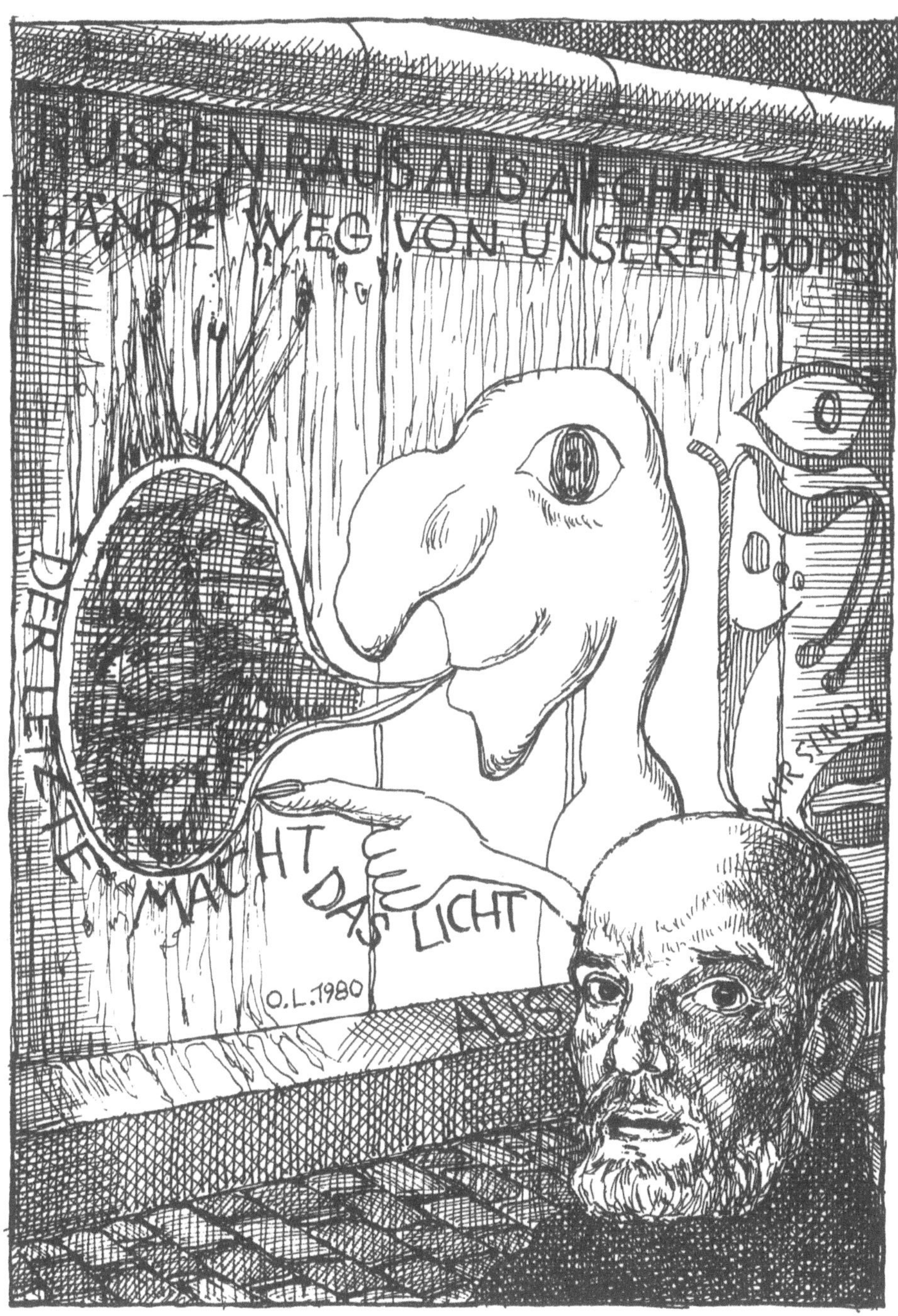

Die Mauer ist weg - nicht nur eine bunte Wandzeitung -
Auch Otto verabschiedete sich 1988 vor ihrem Fall.

MENSCH
INSTITUTION SCHON
GESCHICHTE
TÖDLICHER FADEN
DUMMHEIT

STAATENLOS
SICH WIEDER IN DIE AUGEN SEHEN

Edna E. Huppert

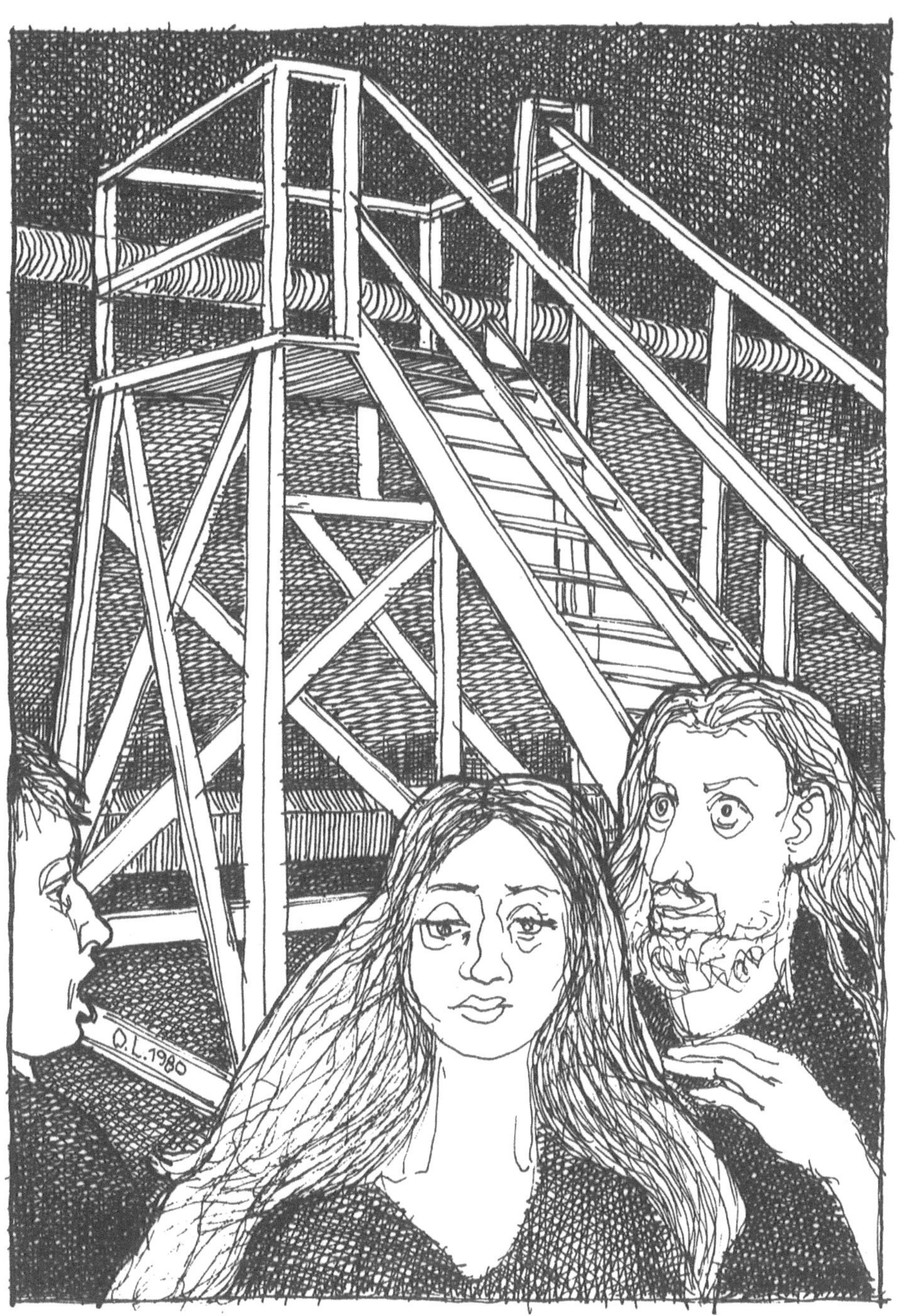

Wann ist das?
Jetzt ist das
Is ja 'n dolles Ding
Weiß der Deubel
Wann ist das?
Weiß der Deubel
Jetzt ist das
Is ja 'n dolles Ding
Wo ist das?
In der Schule der Begeisterung
Is ja 'n dolles Ding
Weiß der Deubel
Wann ist das?
Jetzt ist das
Wo ist das?
Hier ist das!
Is ja 'n dolles Ding!

Wolfgang Künker

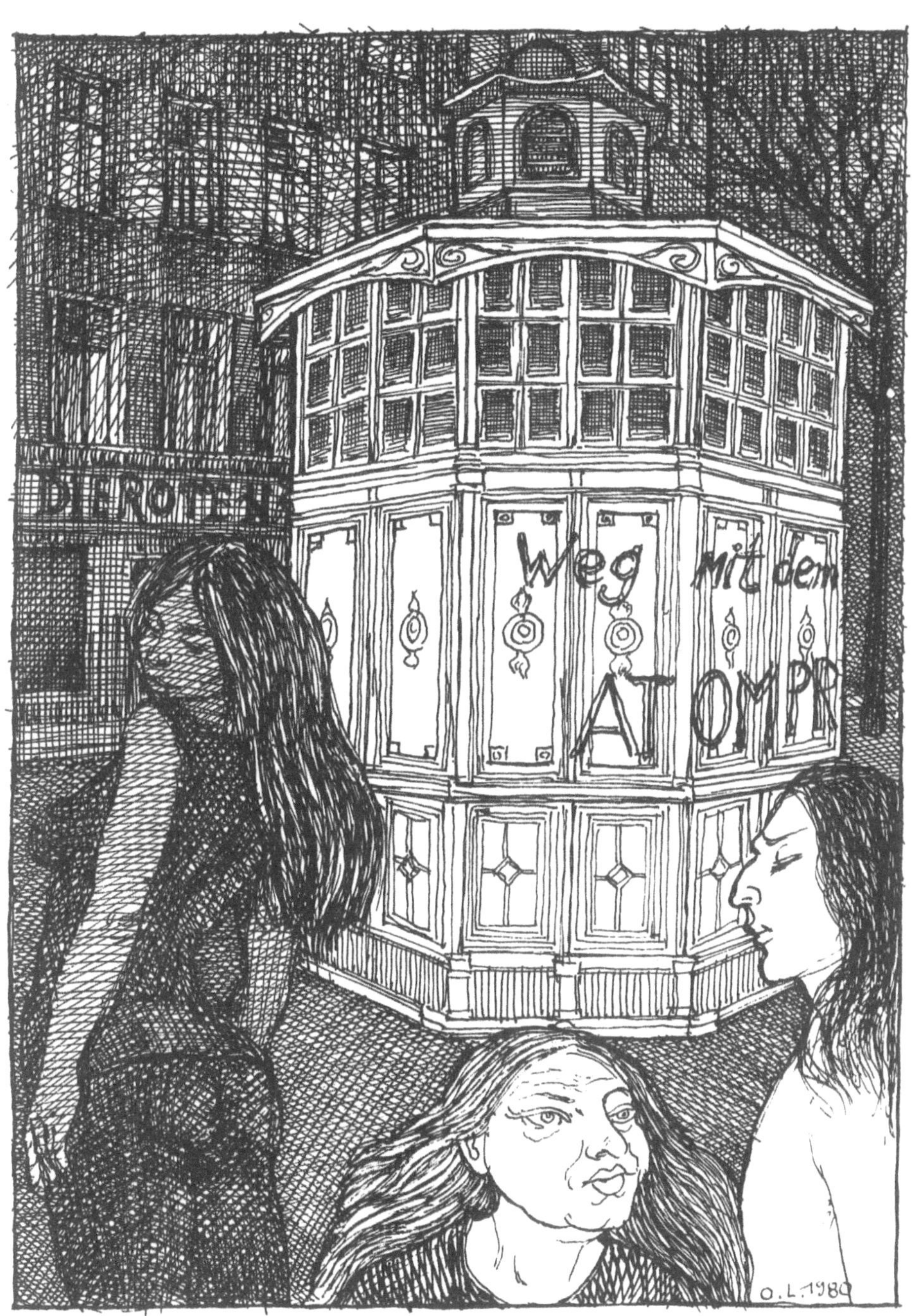

Das Pissoir am Heinrichplatz gibt es nicht mehr.
Die Rote Harfe und der versteckte Elefant stehen noch.

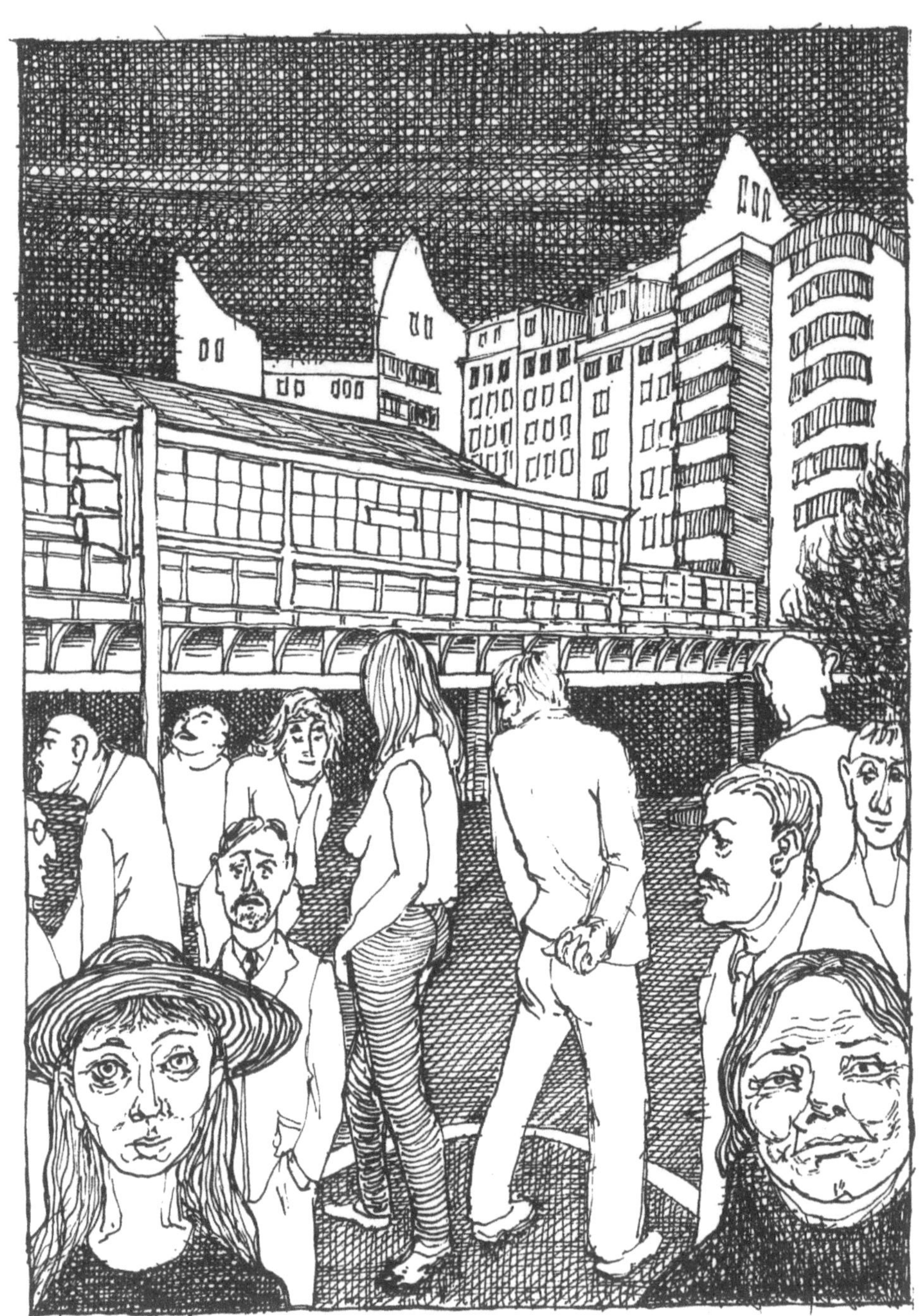

Am Kottbusser Tor

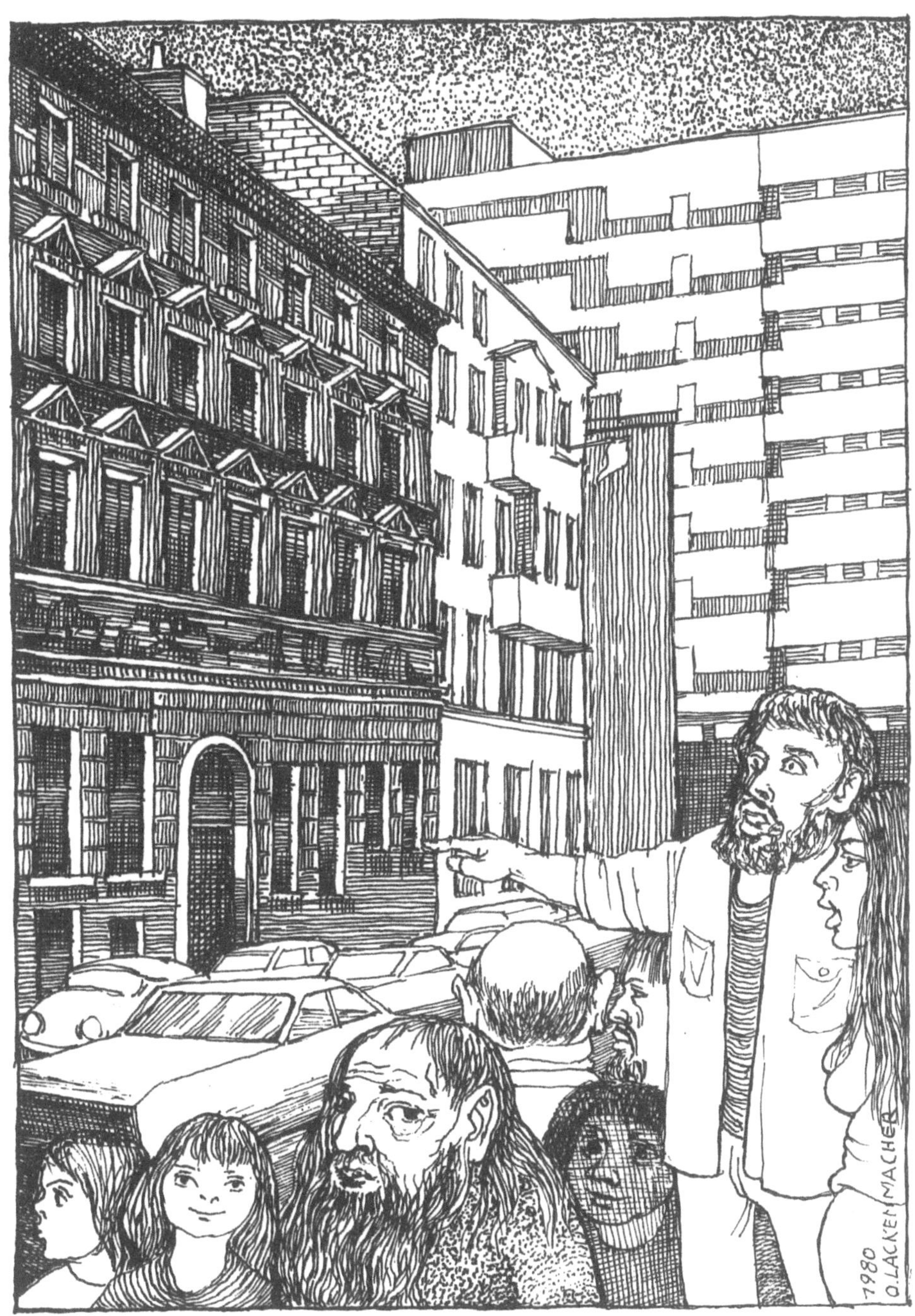

Am Kottbusser Tor

Sommertage

Das Wasser vom Brunnen in Eimern
von Menschenketten über die Straße
zur sterbenden Wiese gebracht
grüne Stoffballen listig
aus dem Kaufhaus geklaut
in Fetzen gerissen
als Symbol und zur Mahnung
aus den Fenstern winkend

Ein heißer Sommer in der Stadt
um die letzte Wiese
gesungen und getanzt
ganz langsam stieg die Sehnsucht
nach Margeriten
nach Wiesen voller Sommerblumen

Die Stadtindianer
auf den Dächern
aber ich
auf dem Weg, einen Atemzug lang
die heißgeliebte Stadt zu verlassen

Und in der Nacht, in der Scheune
leg ich mich ins Stroh
ganz nah ans offene Fenster
die Birke bewegt sich
ich öffne den Schlafsack
und der Wind küsst auch mich

Edna E. Huppert

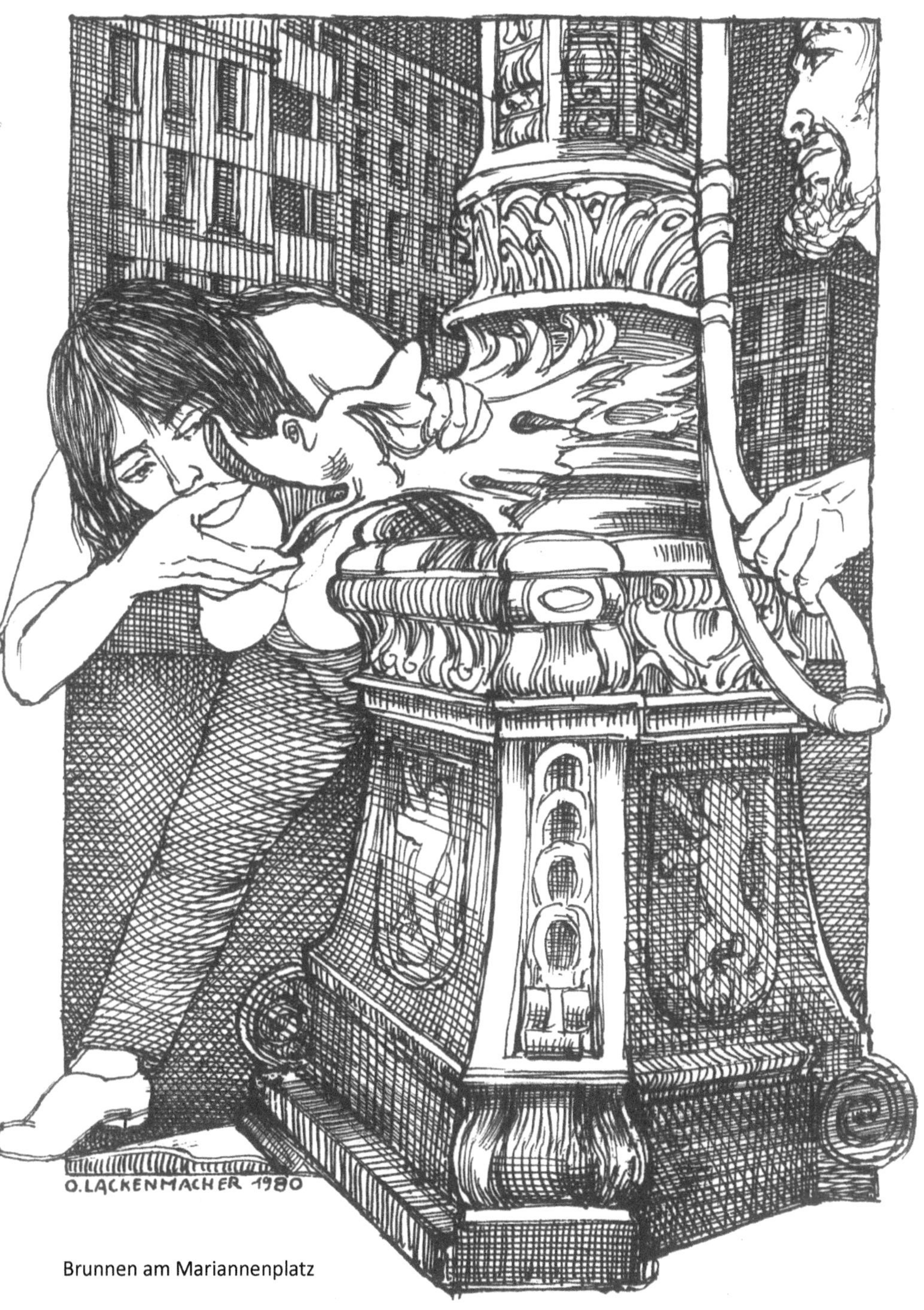

Brunnen am Mariannenplatz

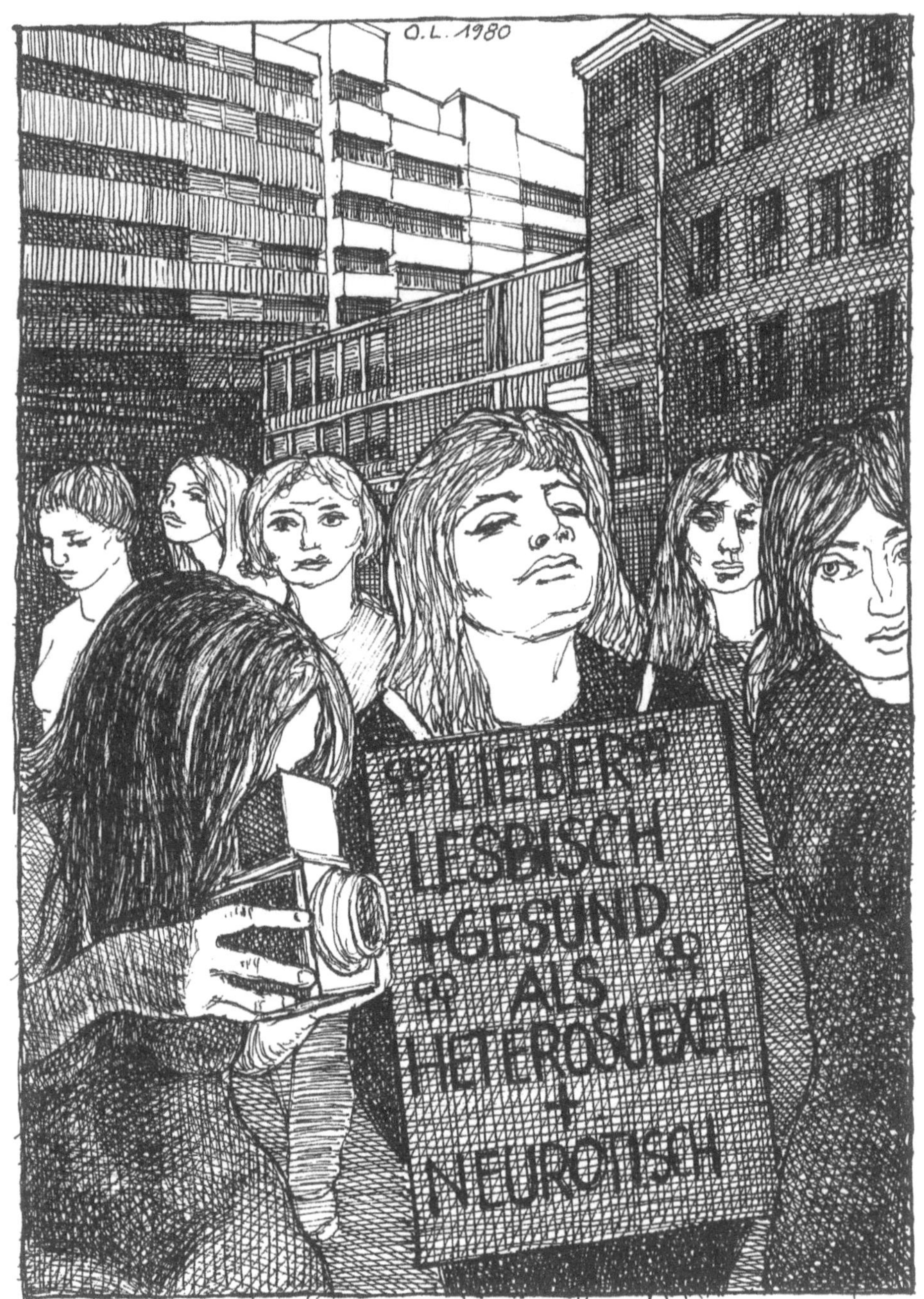

Adalbertstraße

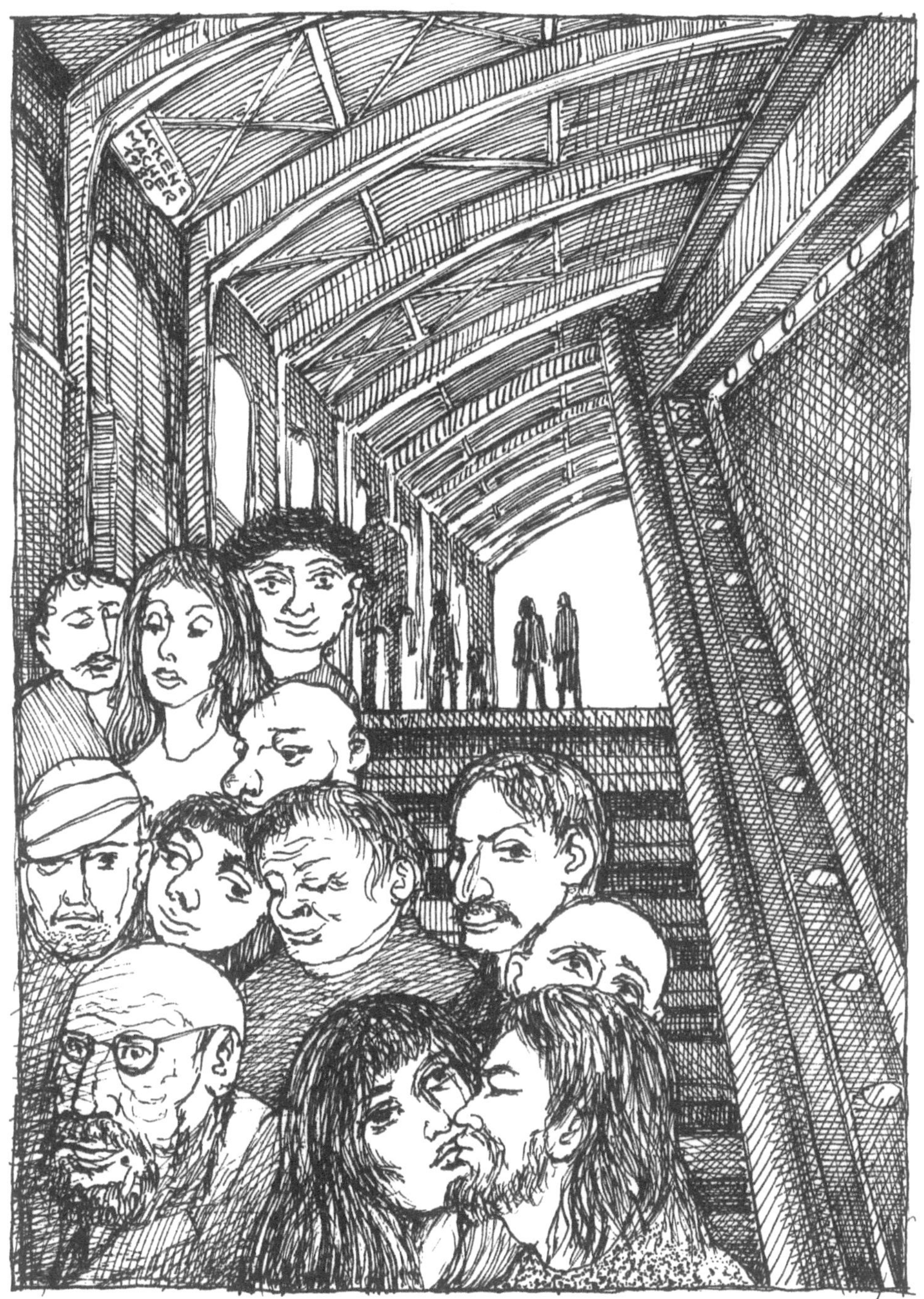

Görlitzer Bahnhof

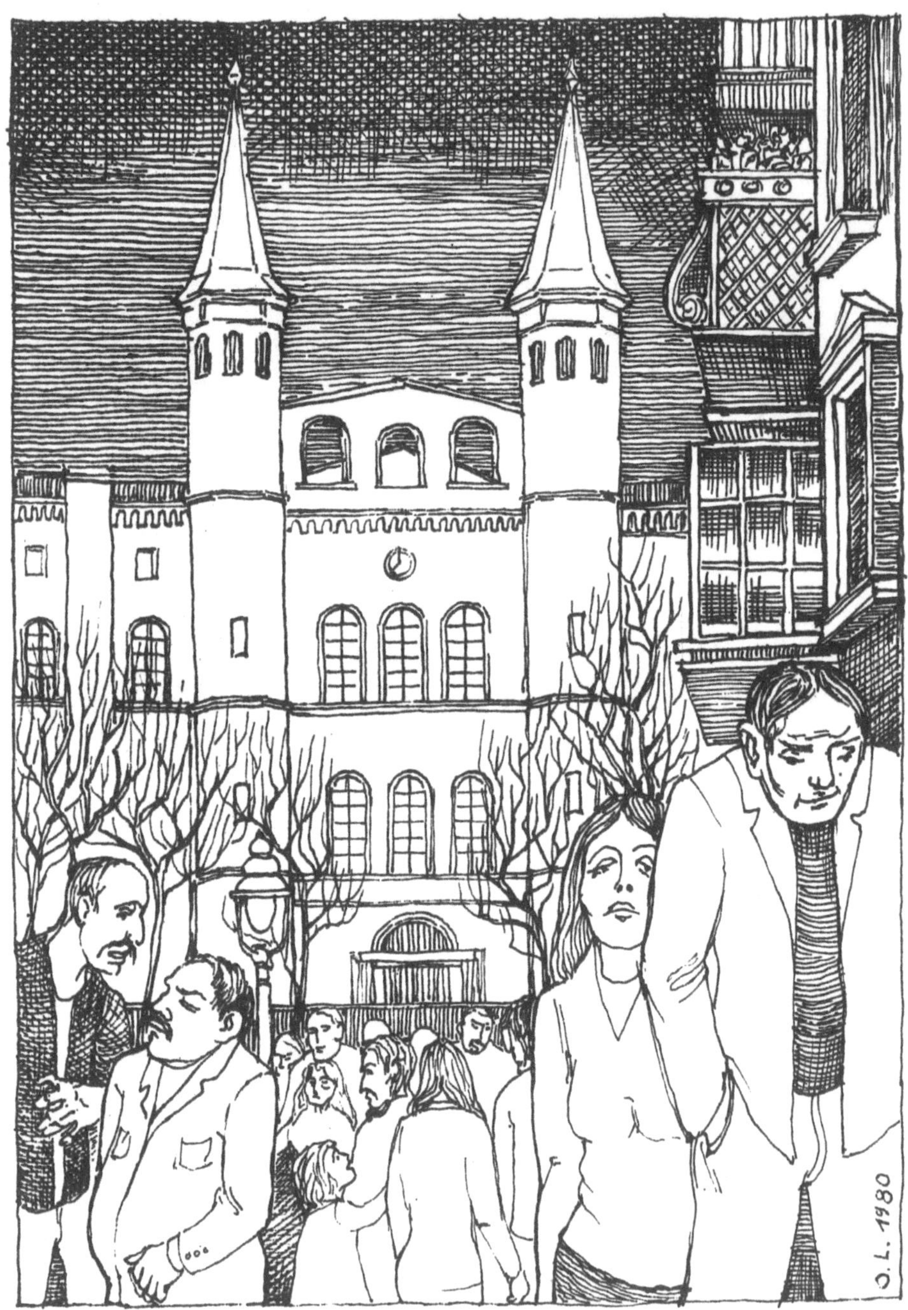

Künstlerhaus Bethanien

Kreuzberg-Winterlandschaft 1978

Graubrauner Schnee
und gegen Mittag
der erste Fußabdruck
(im dritten Hinterhof)
Meine Nase ist offen
meine Haut auch
Ich rieche
es stinkt nach
Katzen, Hunden, Menschenpisse
Kaum ein Clo ist nicht zugefroren
kaum ein Wasserhahn funktioniert
Und doch werfen wir uns
auf der Straße
freundliche, dreckige Schneebälle zu
Sie treffen zart
oder überhaupt nicht
und da, oh Wunder
auf einem Trümmergrundstück
bauen Kinder
aus fast weißem Schnee
Schneemänner

Edna E. Huppert

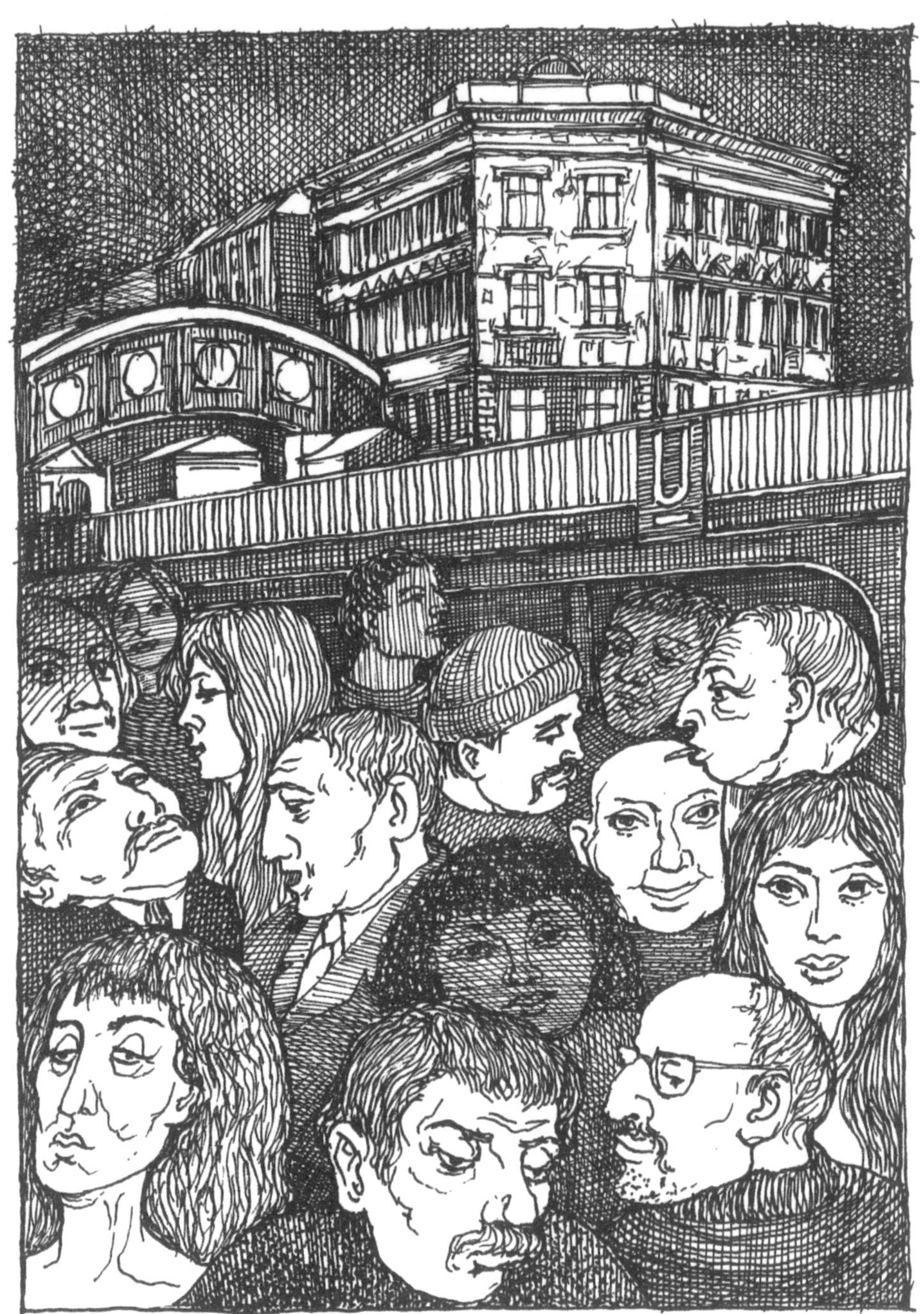

Görlitzer Bahnhof

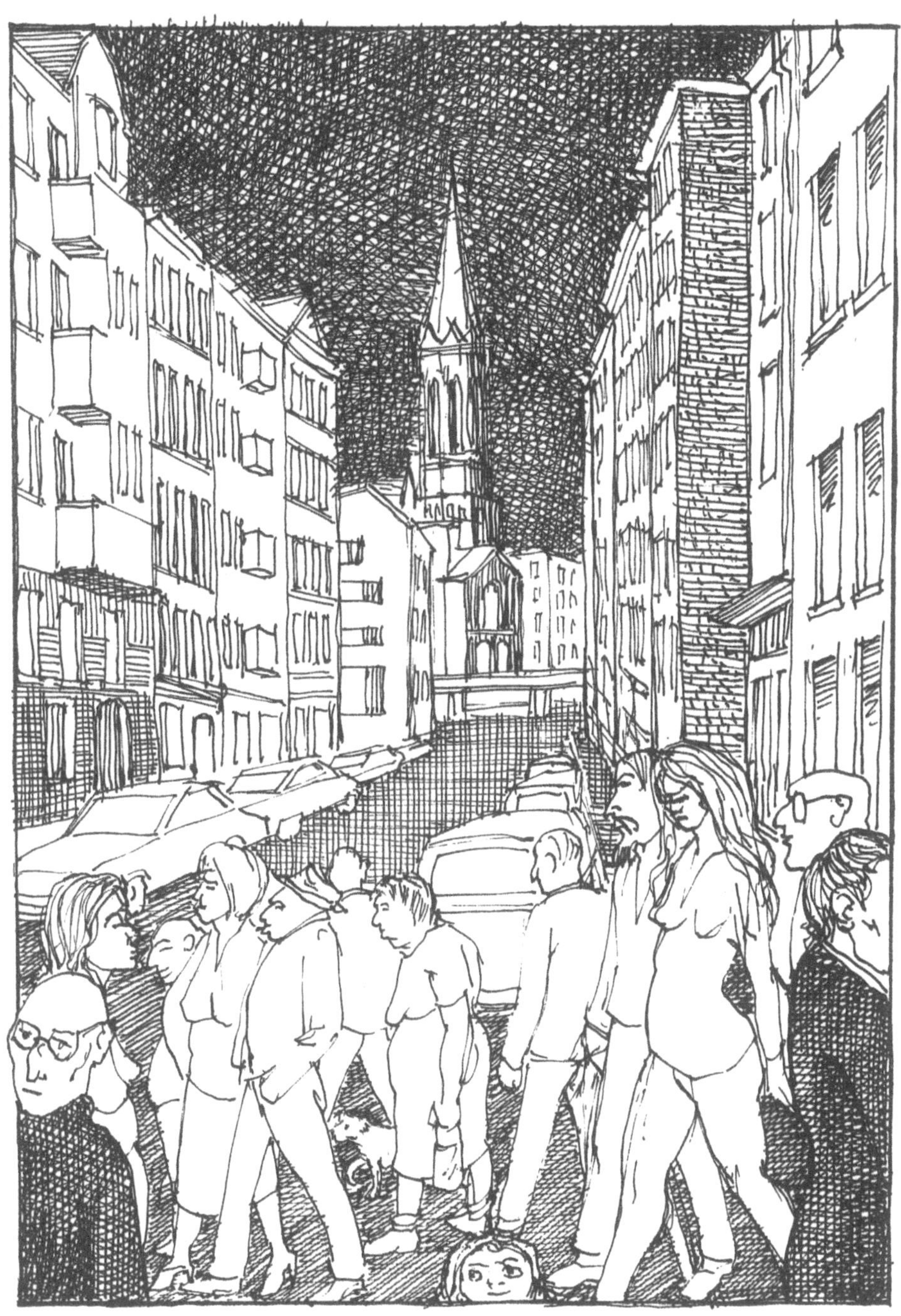

Die Lausitzer Straße, der Stadtteilladen.
Ein Treffpunkt für die sogenannte Kreuzberger Mischung.
Toleranz war angesagt

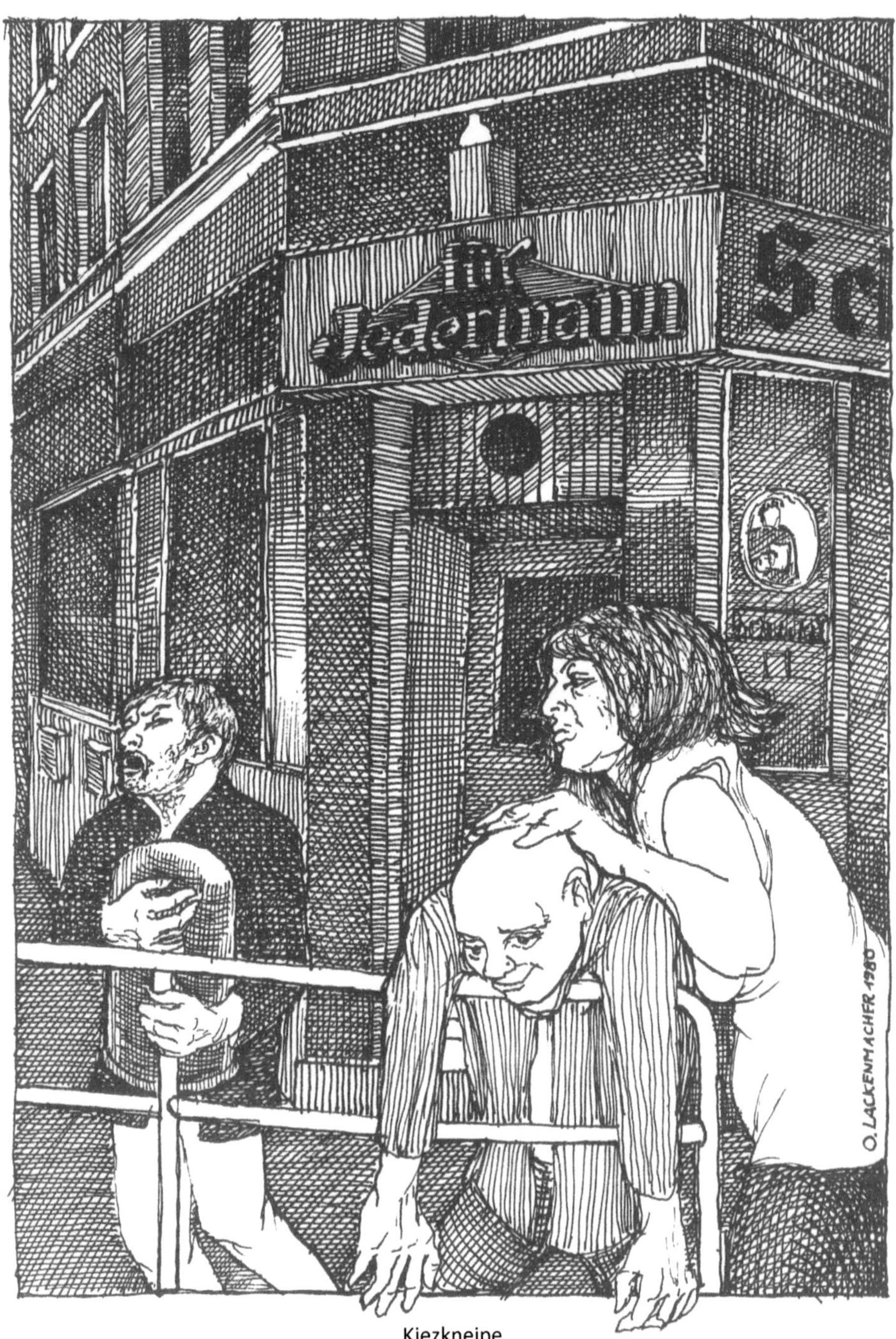

Kiezkneipe
Adalbertstraße Ecke Oranienstraße

ALLES GESAGT
ALLES ZU SPÄT

enzo grappa

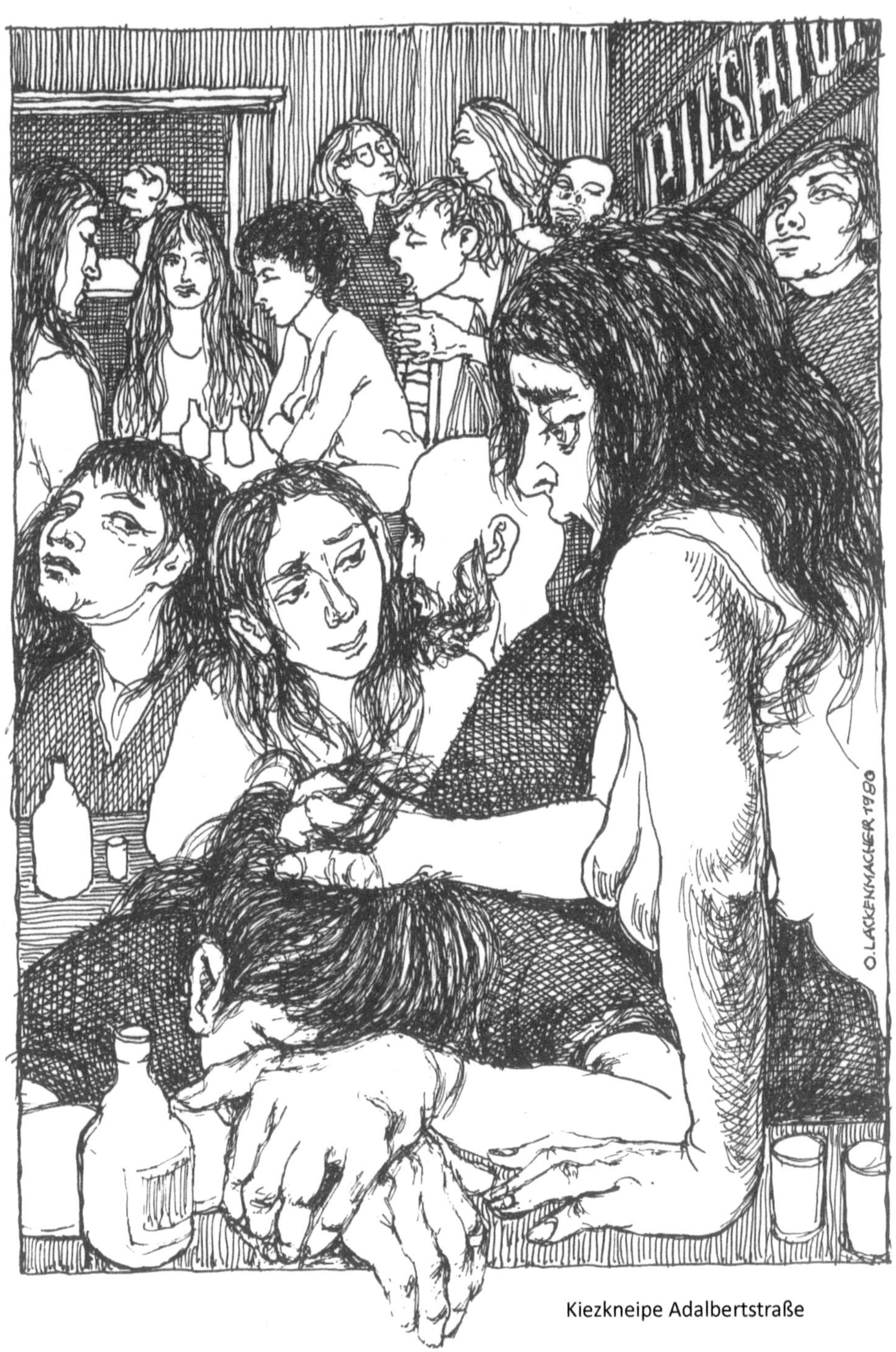

Kiezkneipe Adalbertstraße

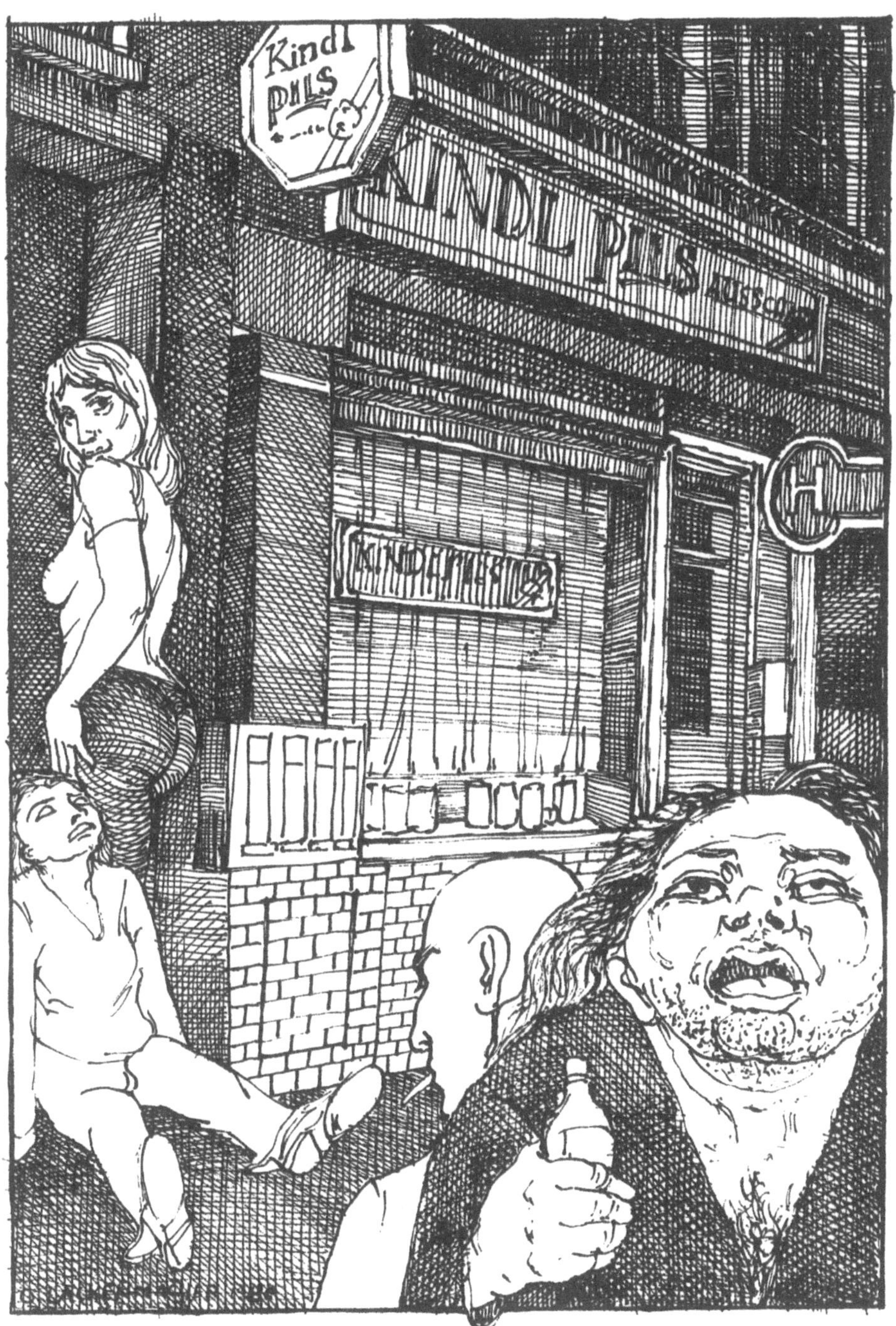

Kiezkneipe Adalbertstraße

MEENE OLLE IS JUT.
SE FEHLT NISCHTE.
DET IS JUT.
WENN SE RICHTICH DIRFTE
WIE SE WOLLTE
JINGS MICH NICH JUT.
DETTE FEHLT SE.
UND DET IS JUT.

Ulf Wagner

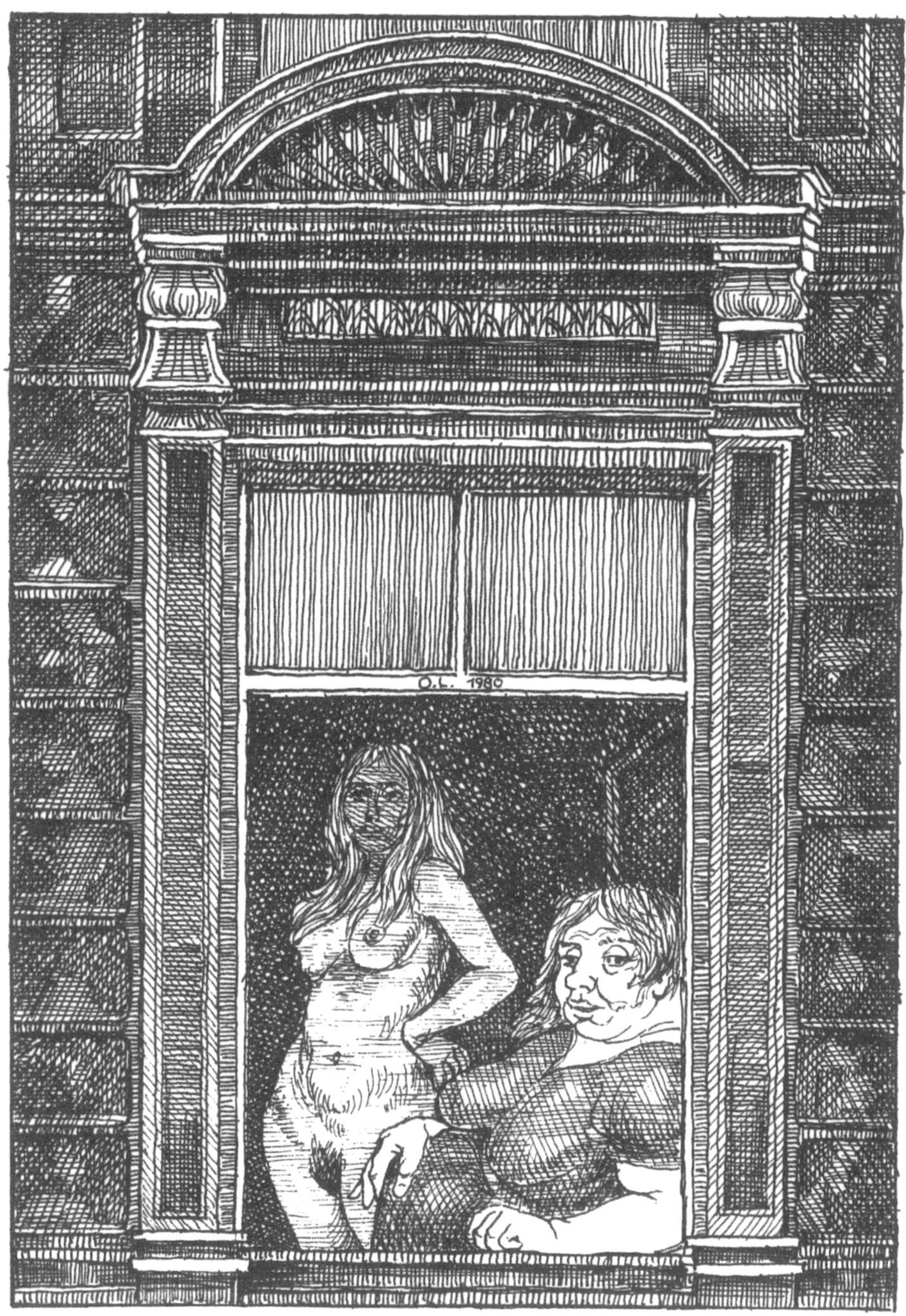

Waldemarstraße

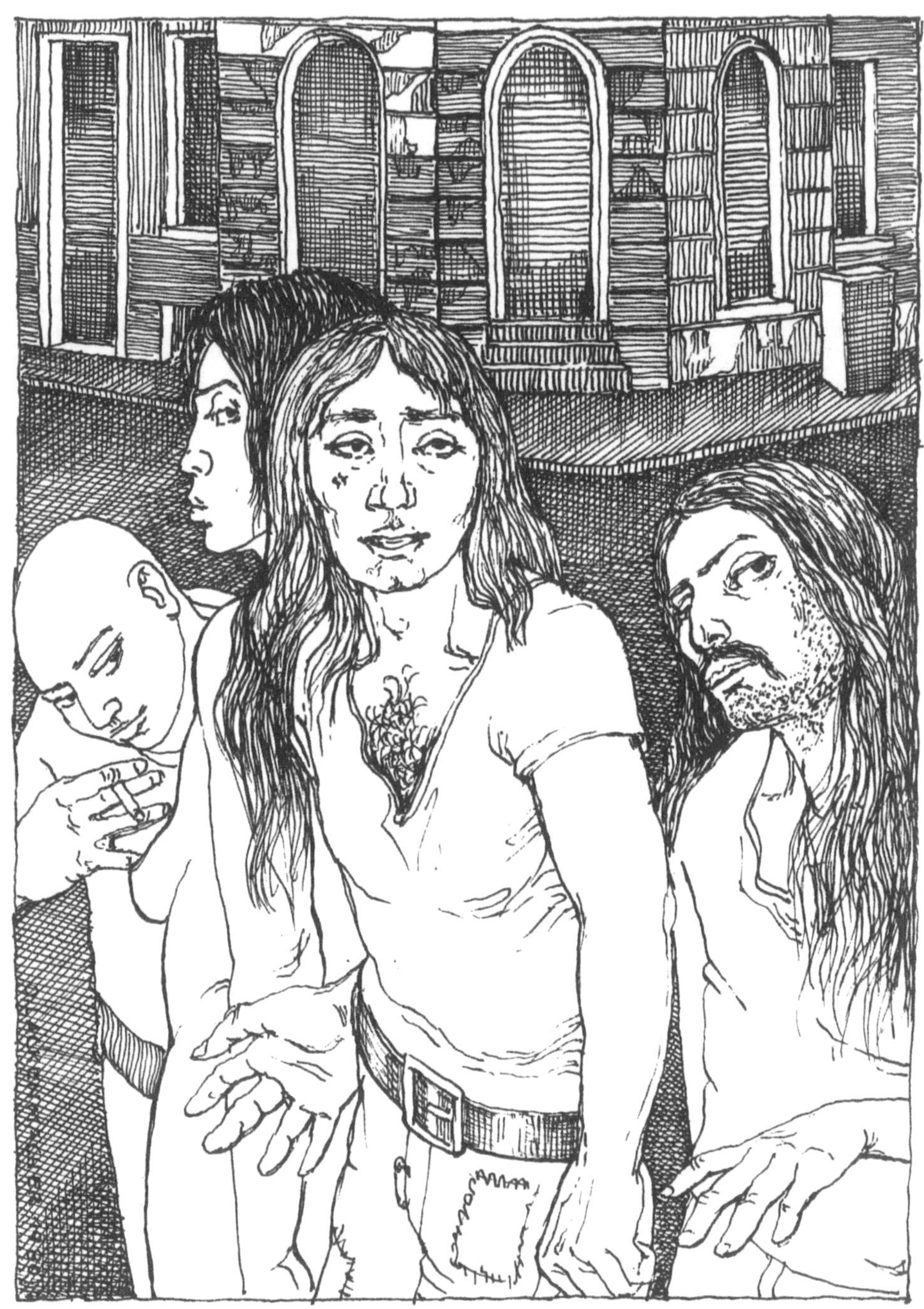

Eckensteher

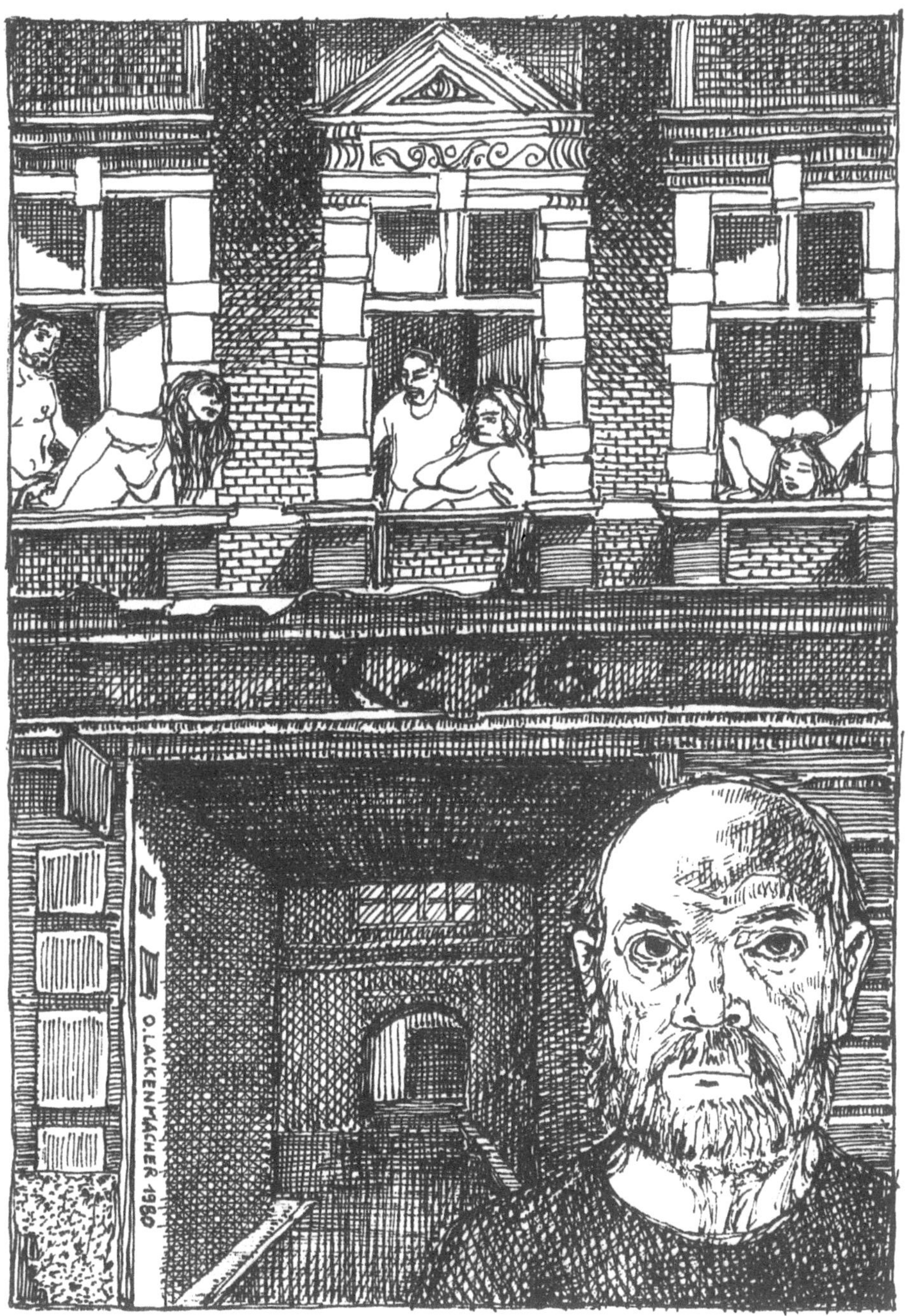

Waldemarstraße 33

Für Neugierige:

www.Otto-Lackenmacher.de
Webseite von Thomas Finkler

Otto Lackenmacher, geboren 1927 am 16. Mai
in Saarbrücken.
Total besoffen ein Ekelpaket -
verzweifelter Hasser auf alle und alles.

Als er vier Jahre alt war, starb der Vater, Dekorateur.
Er hat wohl Ottos Blick auf die Dinge und das Talent
geprägt. Bücher: Jugendstil - die ganze Stadt voller
Jugendstilhäuser.
Nach dem Tod seines Vaters vermietete die Mutter
Zimmer ihrer großen Wohnung an sogenannte
Bardamen, die ihre Freier dort empfingen.
Wenn alle Zimmer besetzt waren, schlief Otto
in der Badewanne,
was ihn schon als Kind zur Randfigur machte.
Voller Entsetzen erlebte er die Pogromnacht, den Krieg.
Die Mutter erkannte sein Talent und schickte ihn in die
Kunstschule.

Otto erzählte und er erzählte viel.
Sein Thema: Mensch und Stadt.

Nüchtern hasste er Alkohol und Zigaretten ...
war getrieben von Existenzangst und der Sehnsucht
nach dem Meer - beim Segeln den Elementen trotzen.
Sein Traum vom Segeln beschränkte sich auf den
Bodensee und einen Weiher in Frankreich. Sein erster
Versuch, sein erstes Boot soff in Südfrankreich ab,
er gab nicht auf ...
Später kaufte er ein Boot von einem Weltumsegler.

Er liebte die Natur, er liebte die Kultur.
E.E.HU.

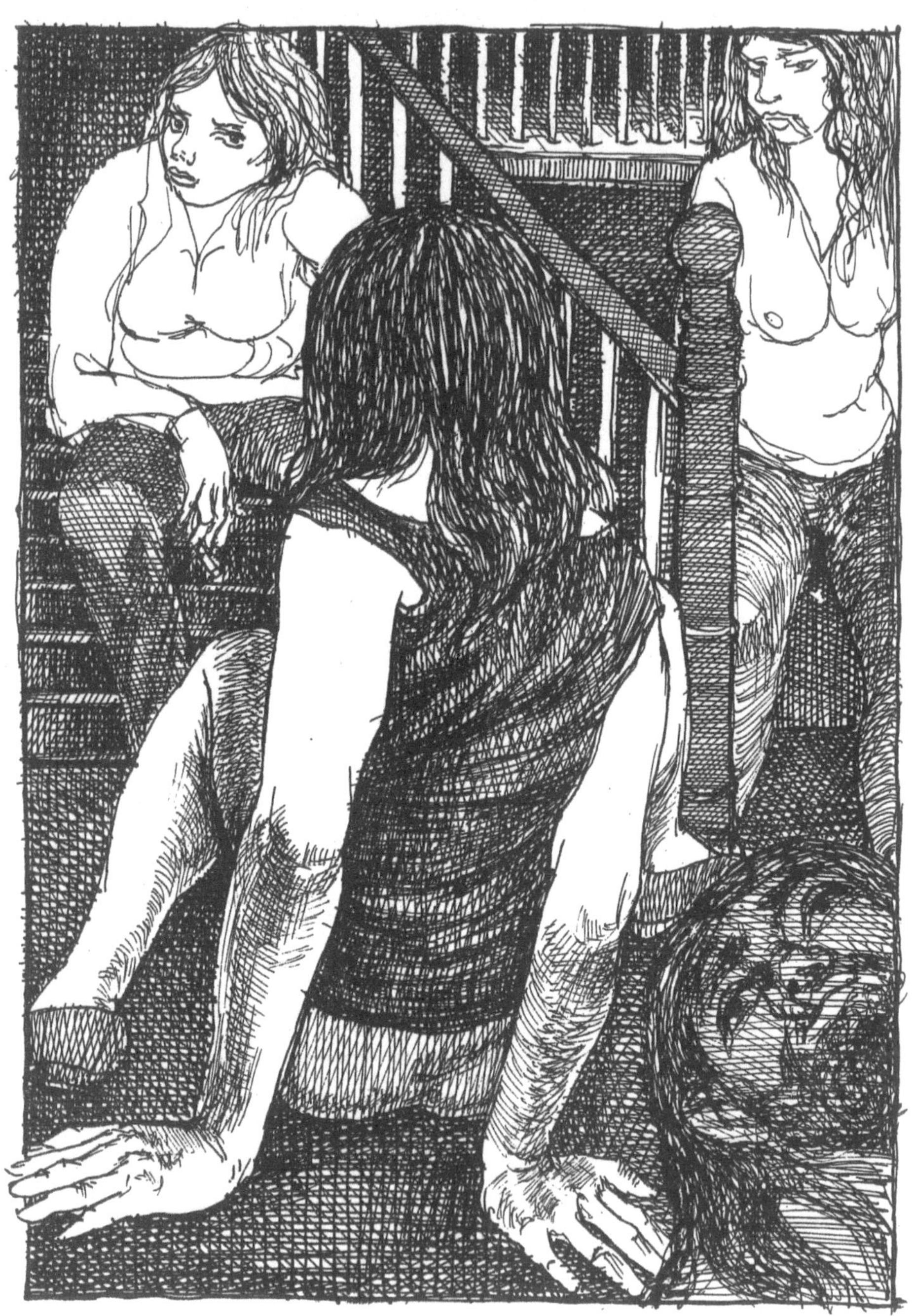

Wir legen größten Wert auf unsere Spielräume.
Edna E. Huppert

SPAZIERGANG
DURCH DIE
ADALBERTSTRAßE

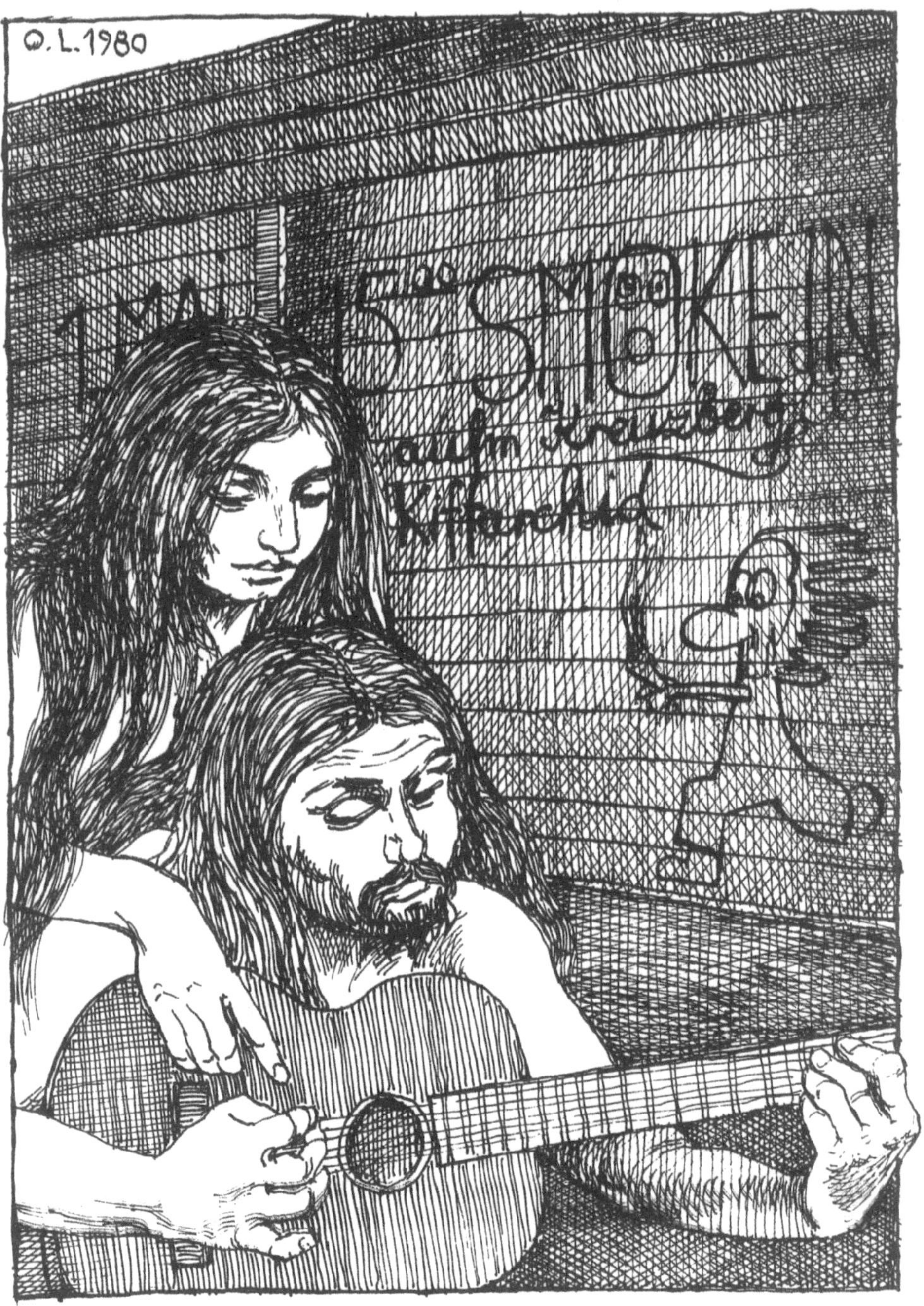
O.L.1980
1.Mai "SMOKE IN"
aufm Kreuzberg
Kifferhilfe

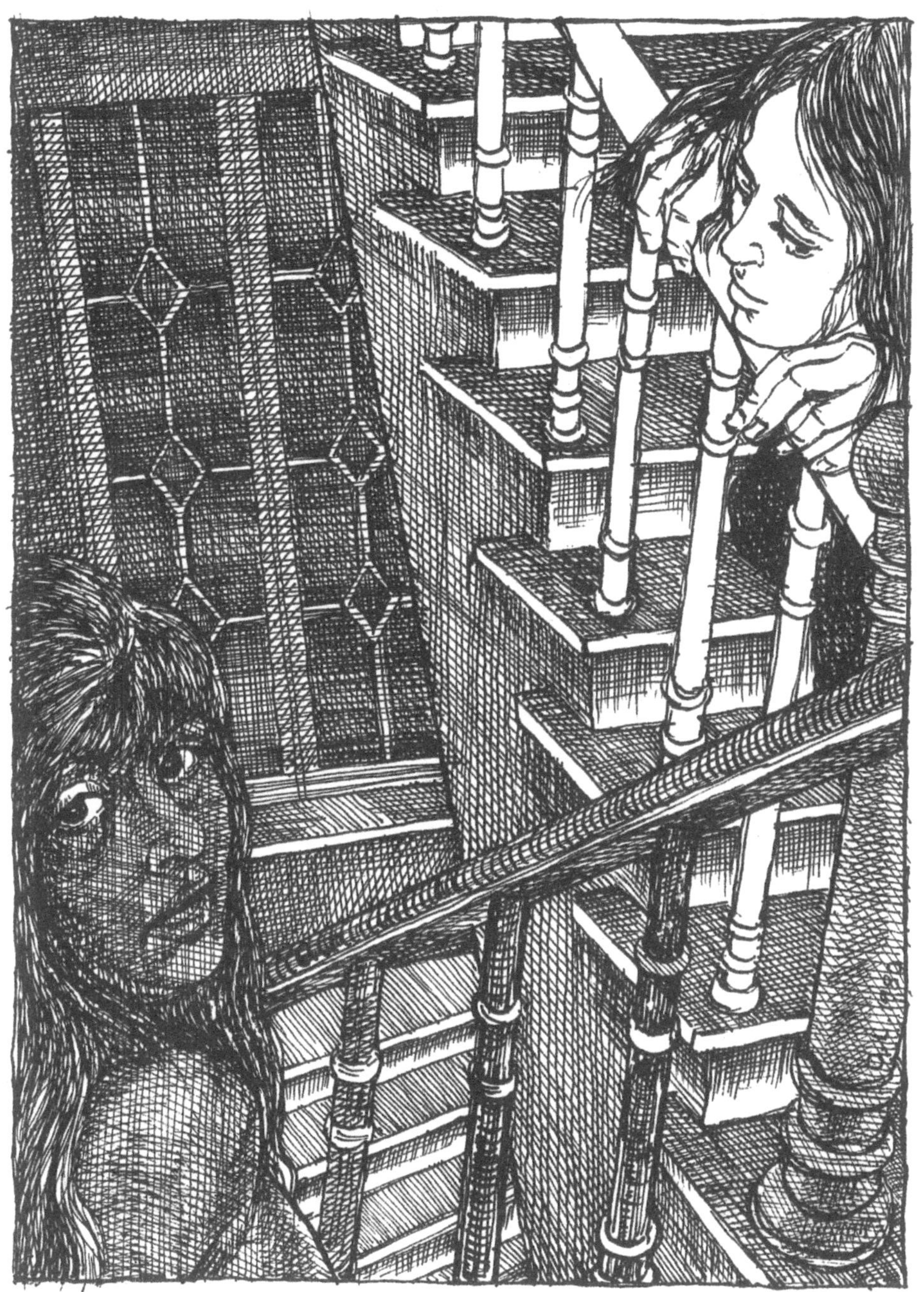

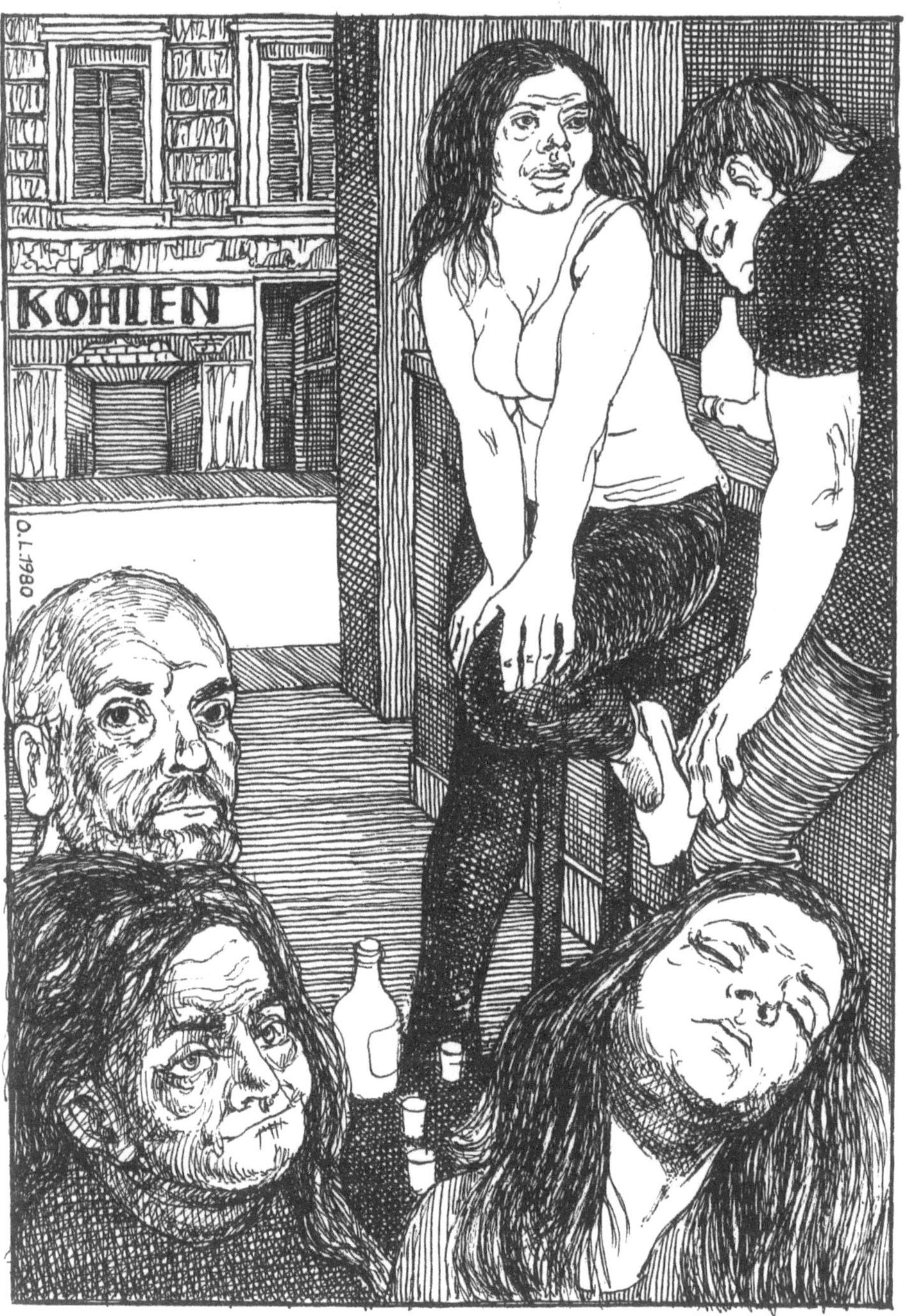

KOHLEN
O.L.1980

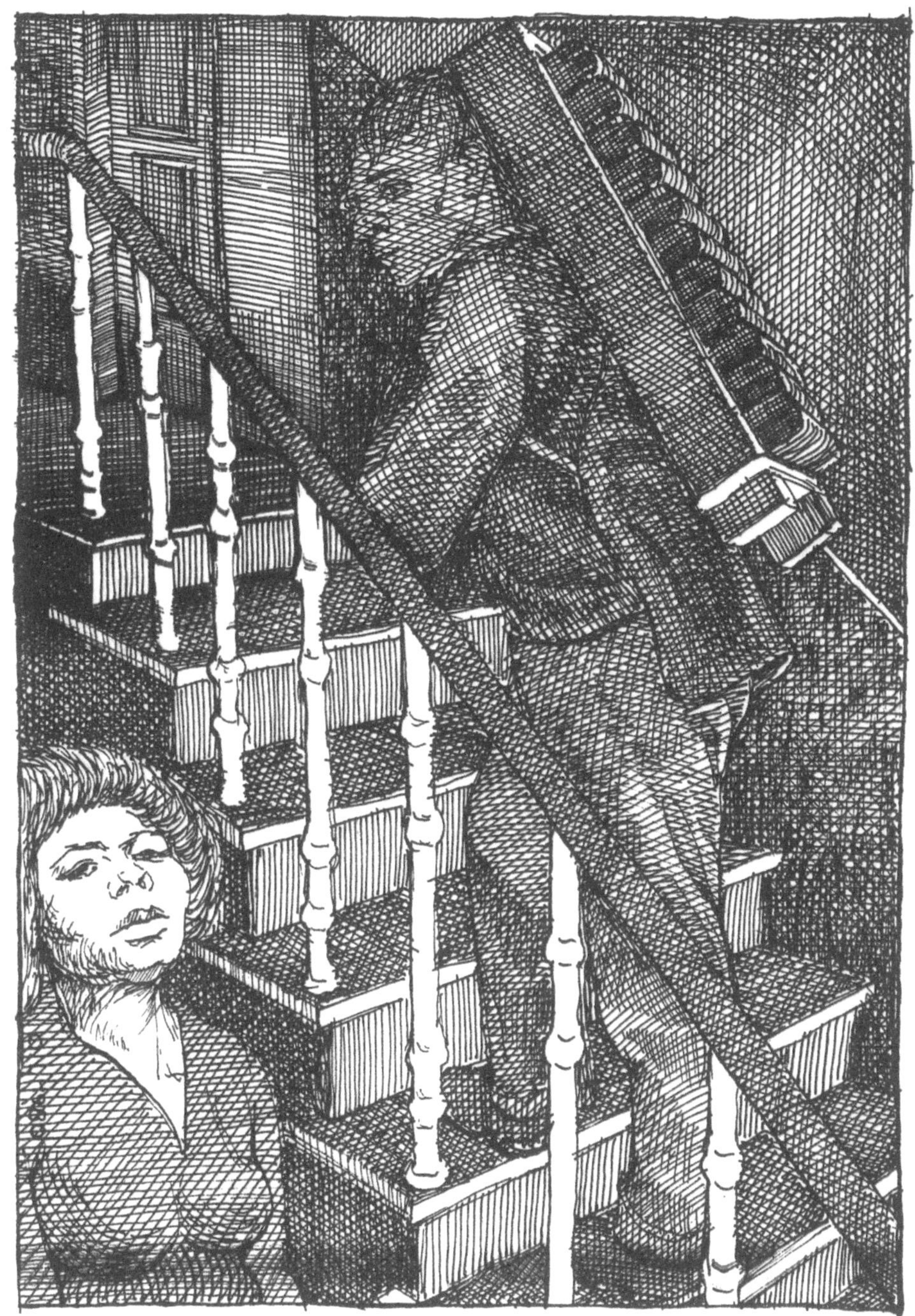

Kohlenträger

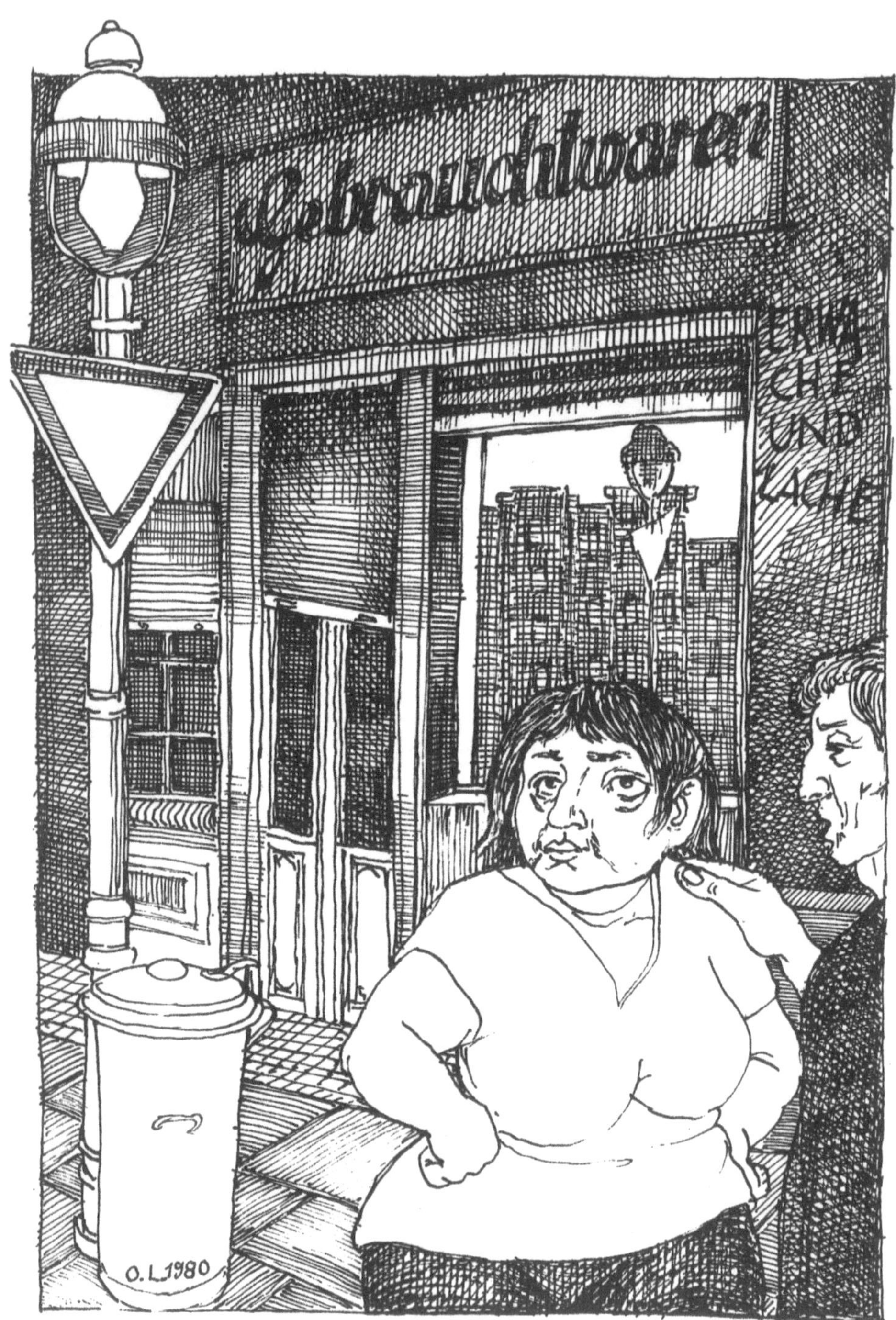
Gebrauchtwaren
LA
CHE
UND
LACHE
O.L 1980

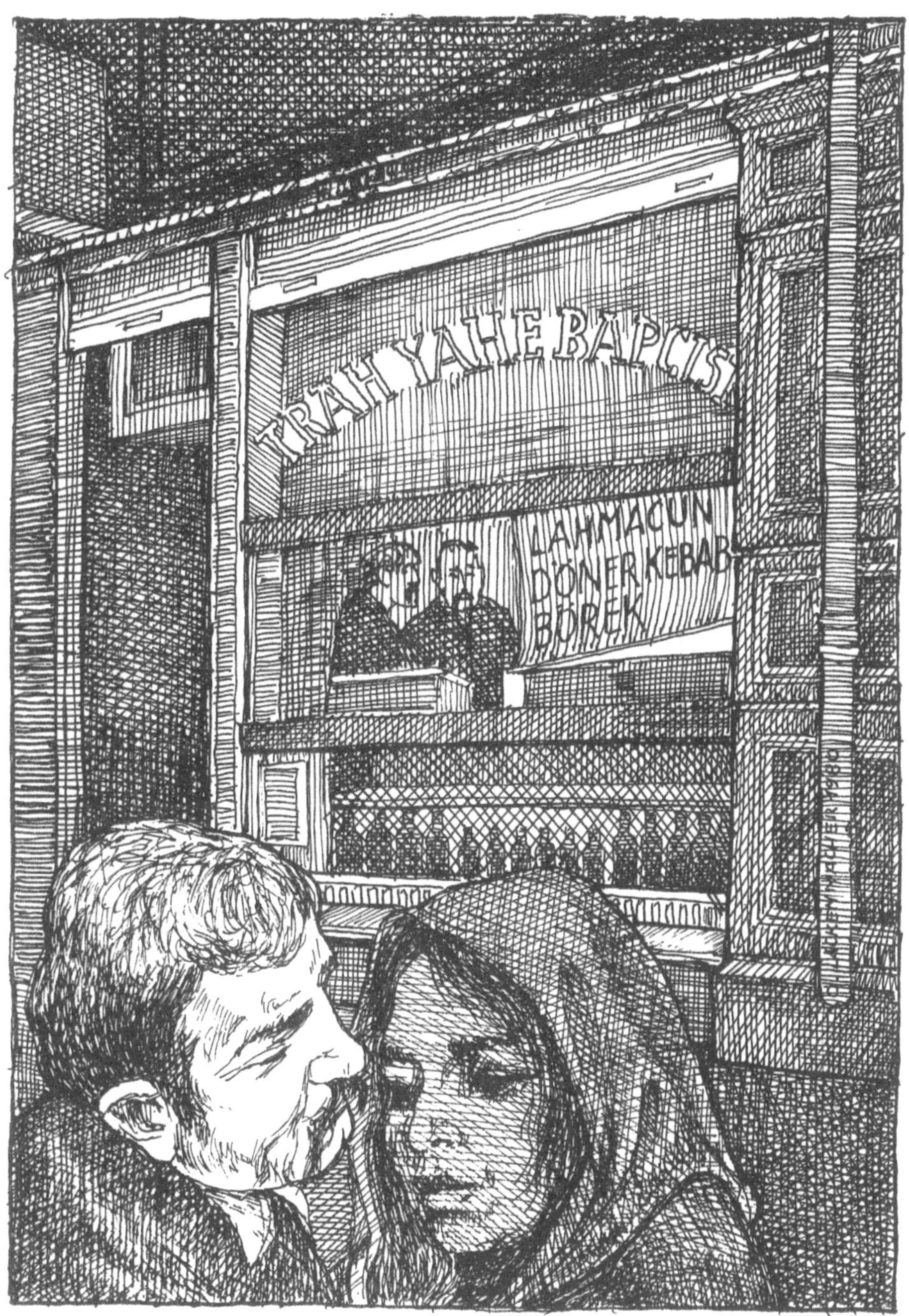
TRAH YAHE BÄPCIS
LAHMACUN
DONER KEBAB
BÖREK

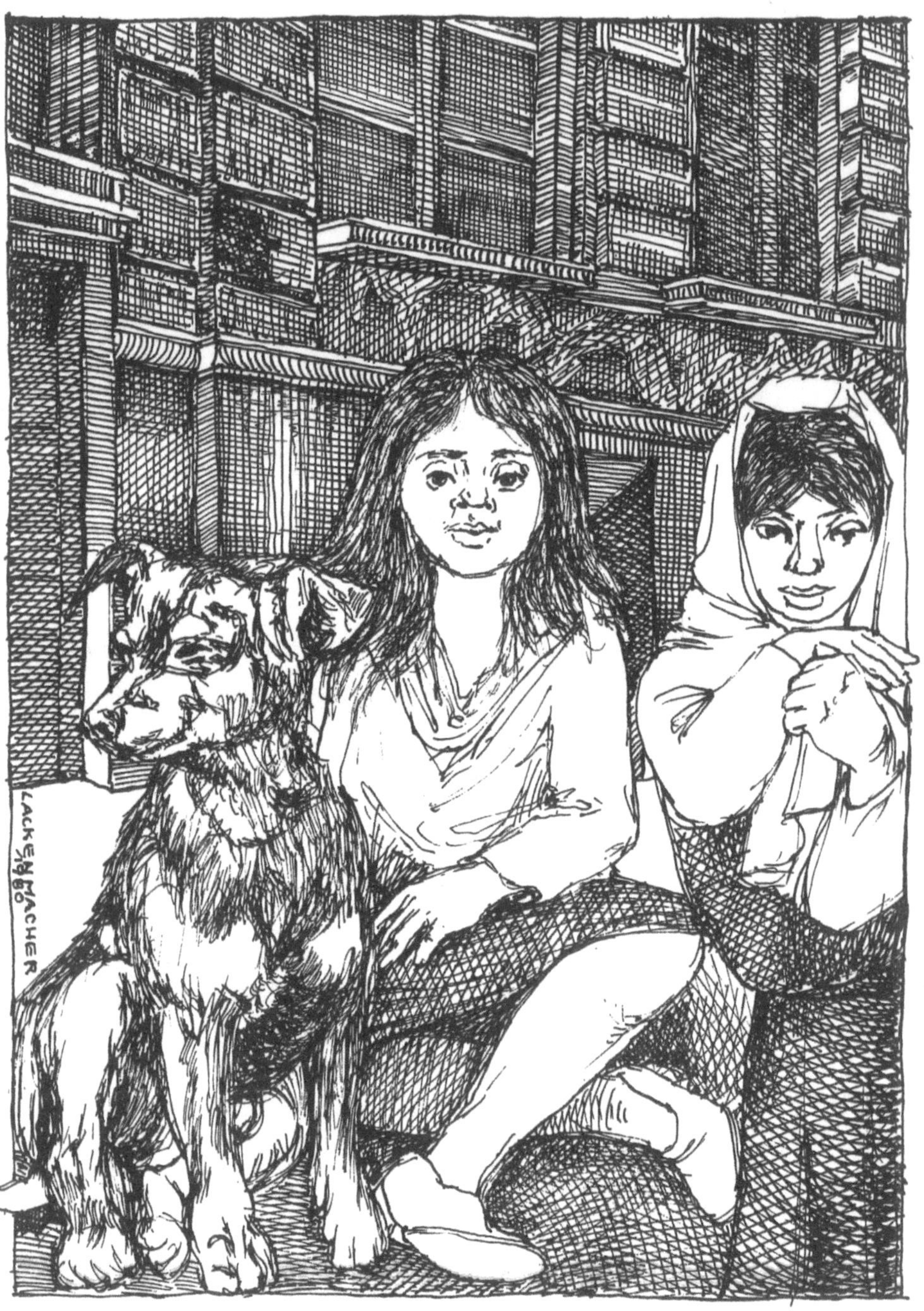

LACKENMACHER

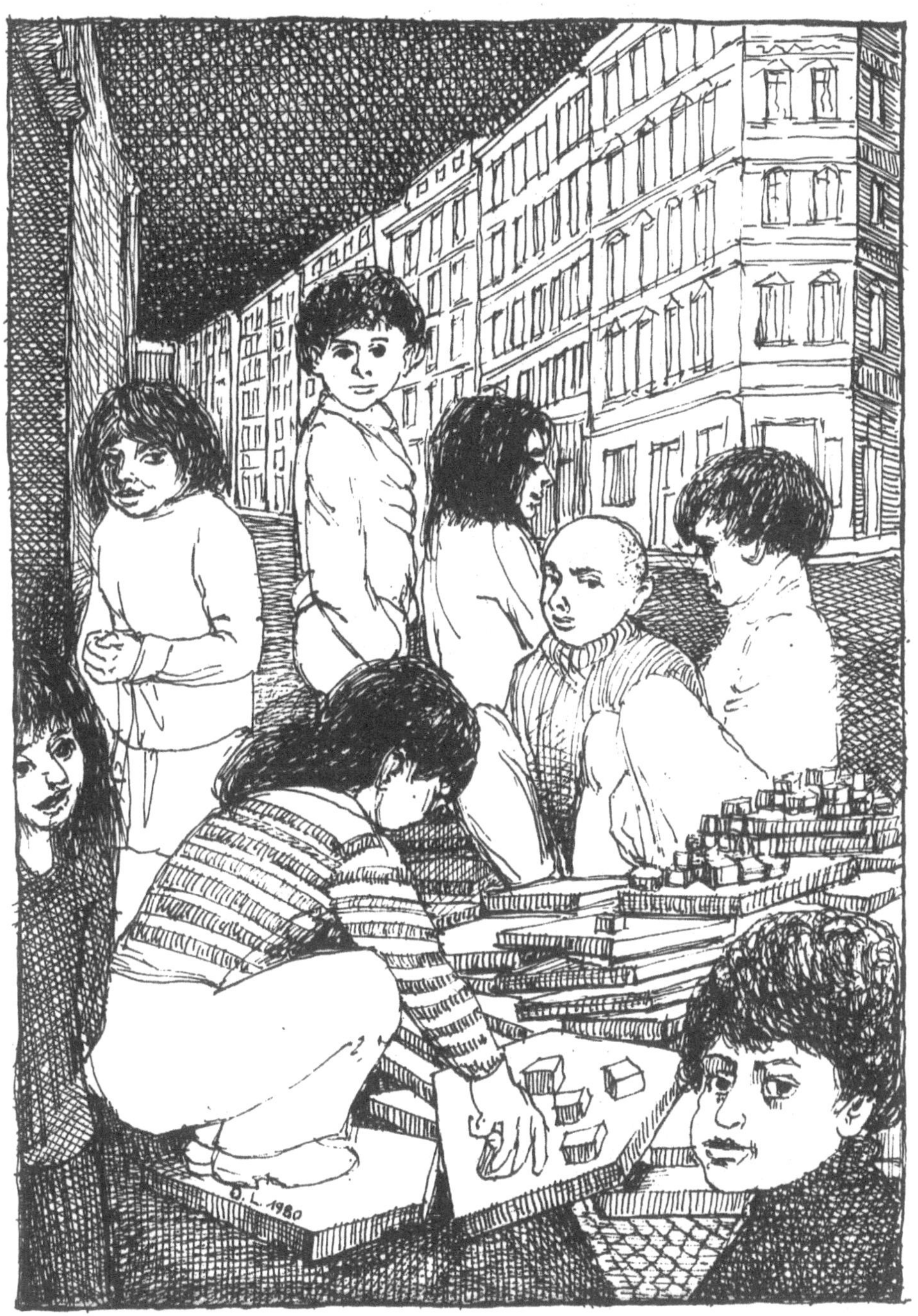

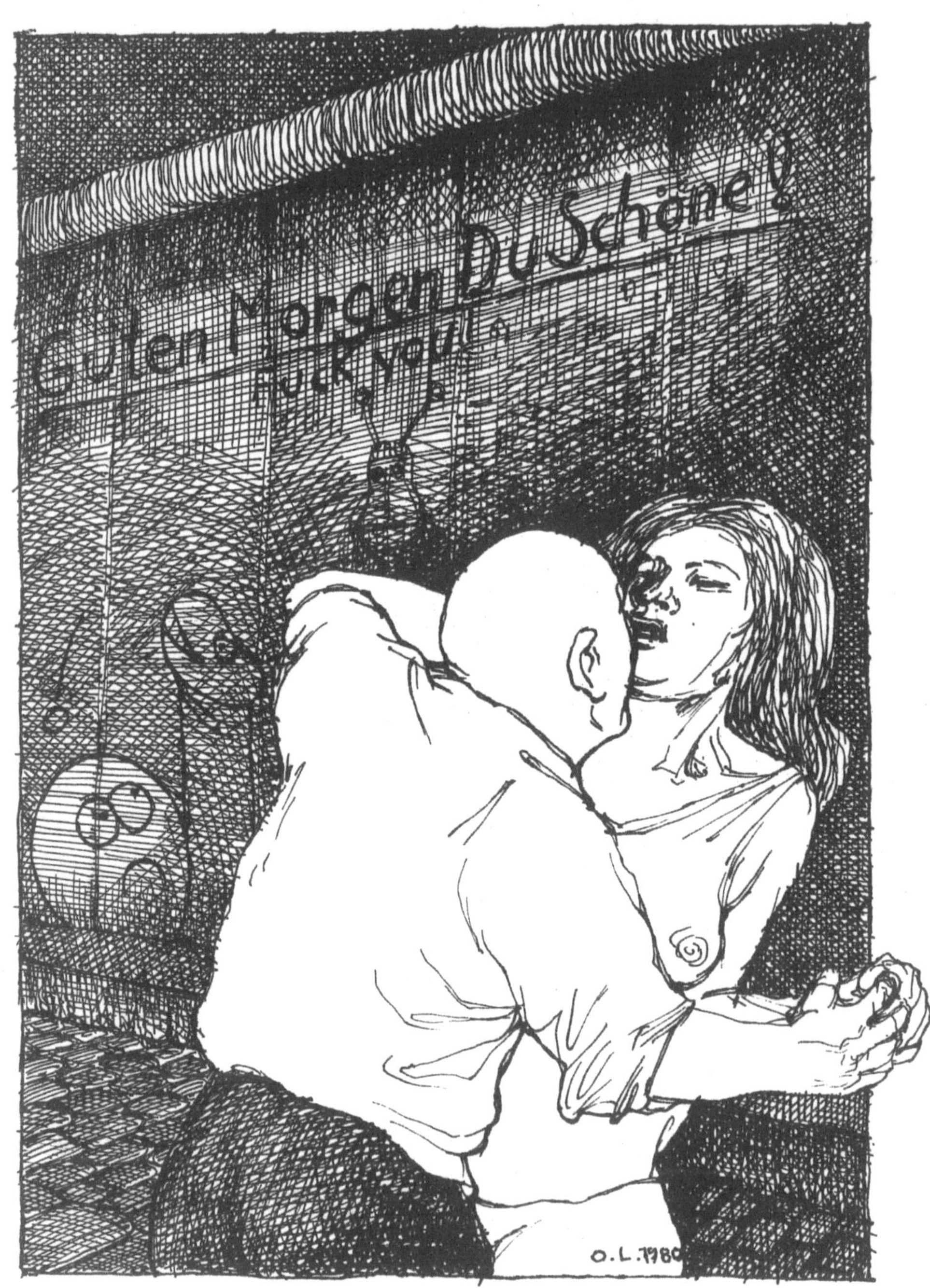

Am Ende der Adalbertstraße. Westseite.
Mit der Mauer mitten durch die Straße.

Mittagssonne im Ruinenfeld
Flaschenscherben am Straßenrand
Parolen an den Mauern
Scherben der Zeit

Wo bist du?
Ich bin hier
Warum ist es so still?
Es ist doch Mittag

Geistige Umnachtung
Zersetzte Gefühle
Wissen ohne Grund
Gesetze ohne Spiegel

Wo bist du?
Ich bin hier
Wo sind die Menschen?
Es gibt keine mehr

Richtige Antworten zur richtigen Zeit -
Mit dem Grinsen einer geisteskranken Ziege

Wo bist du?
Ich bin hier
Warum haben die das getan?
Die brauchten das

Wolfgang Künker

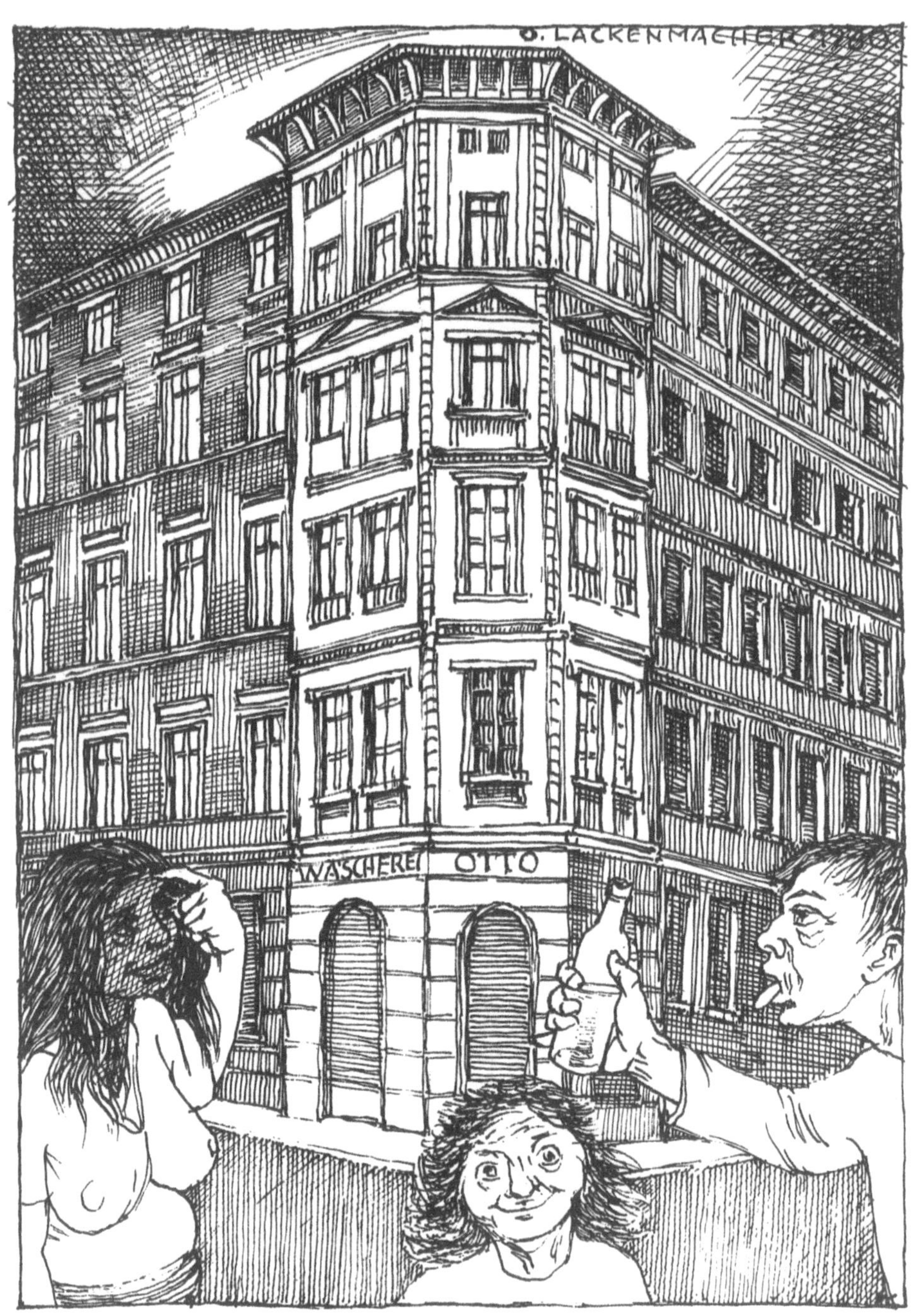

Adalbertstraße Ecke Naunynstraße
Bullenwinkel

ABBRUCH

LEBEN, HALB GELEBT
GROTESKER STREIT IM ALLTAG
ZWING-ZWANG, ABSURD, TOT …

hilmar ebert

ES GIBT WORTE
DIE ZUSTÄNDE BESCHREIBEN
ES GIBT ZUSTÄNDE
DIE WORTE ERSETZEN

Avi Brand

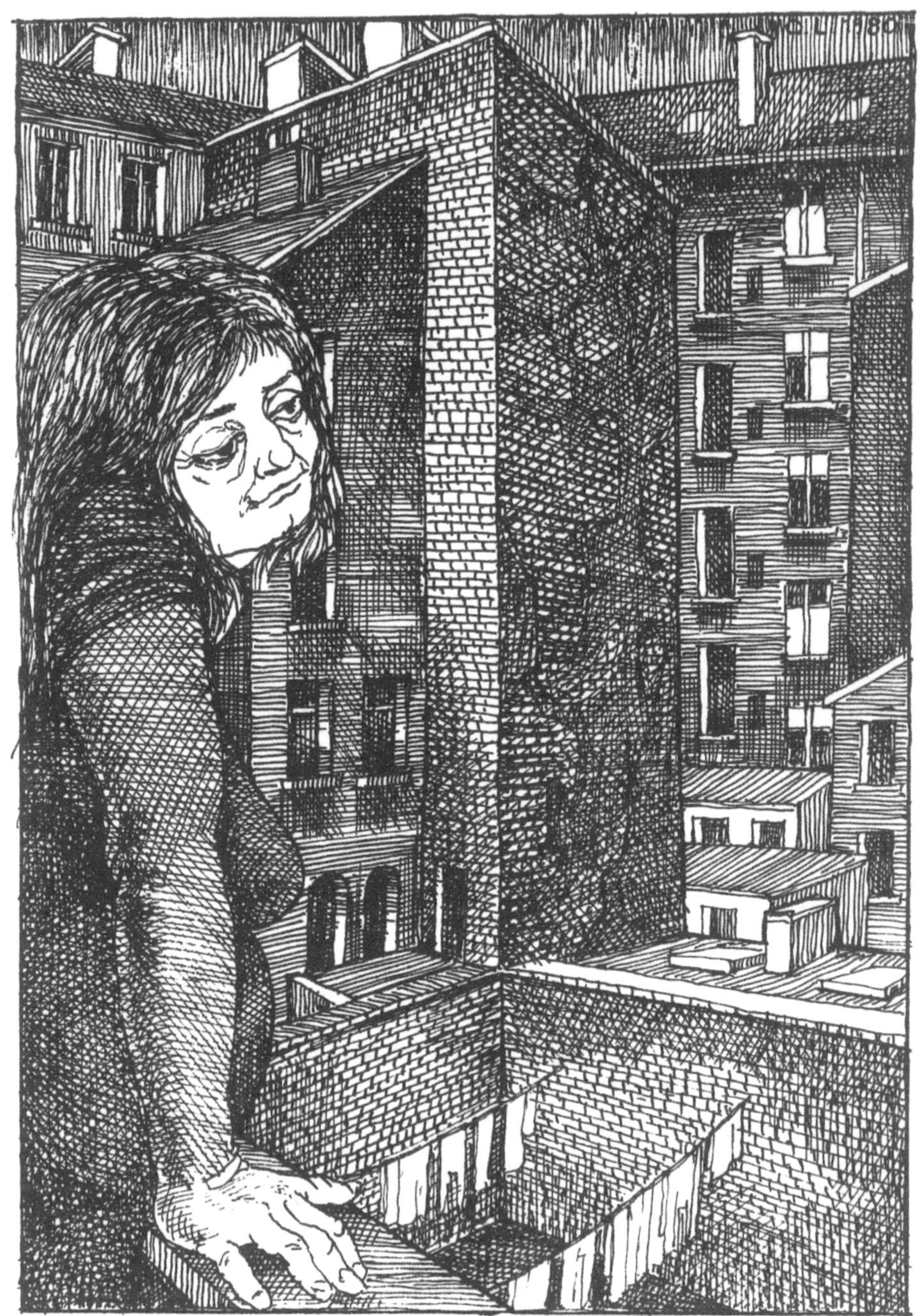

Naunynstraße 57

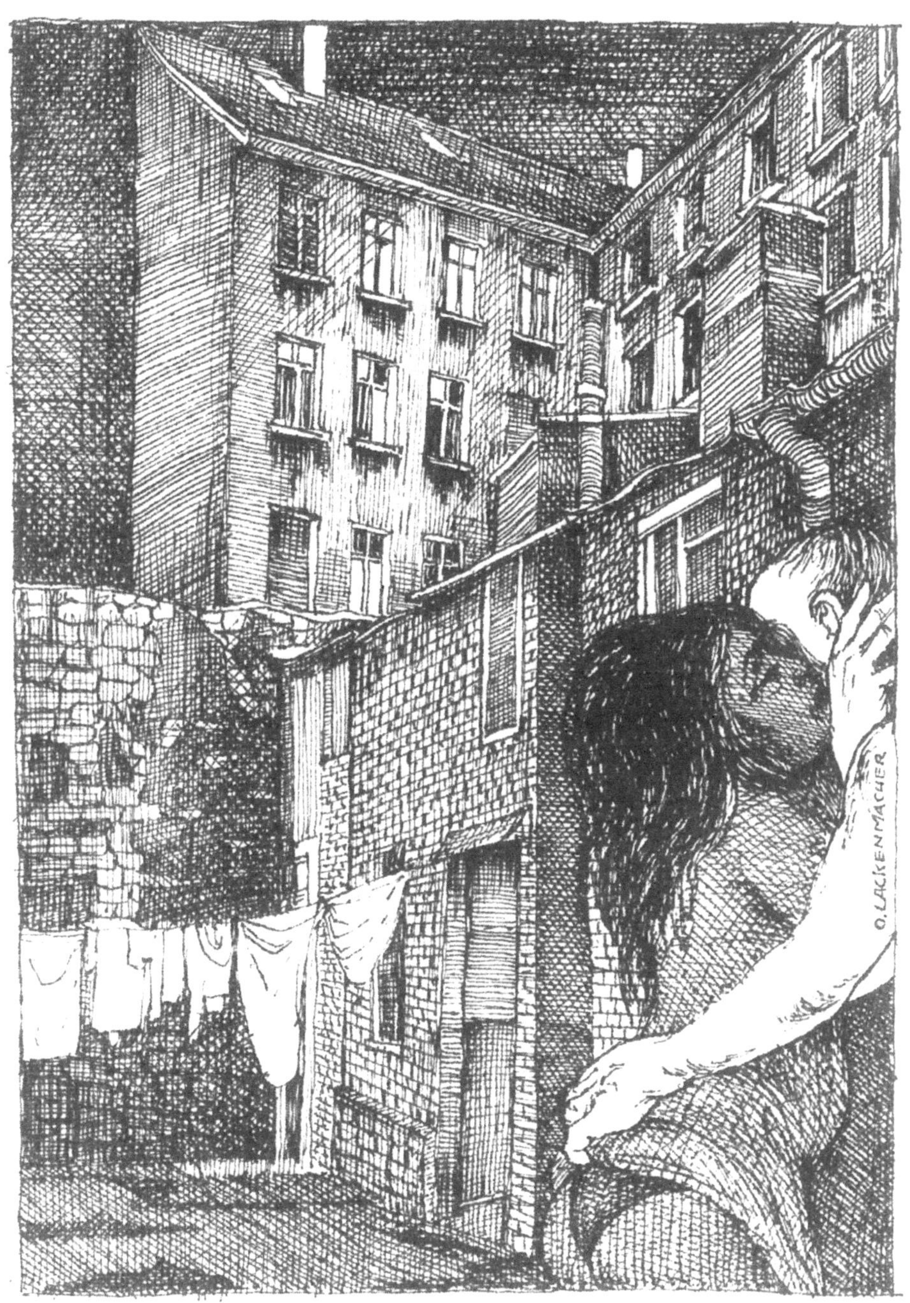

Blick vom 4. Stock

Venus

So ästhetisch türkis
wie Chlorhallenbadwasser
hängt der Faden
deines Tampons
zwischen dem Wurzelhaar
baumelnd zum Knie
nach dem Pissen
auf deiner Innentoilette
im dritten Stock
unserer Außenclowohnung
den Pisspott
mit der Rechten
ausschüttend.

Ulf Wagner

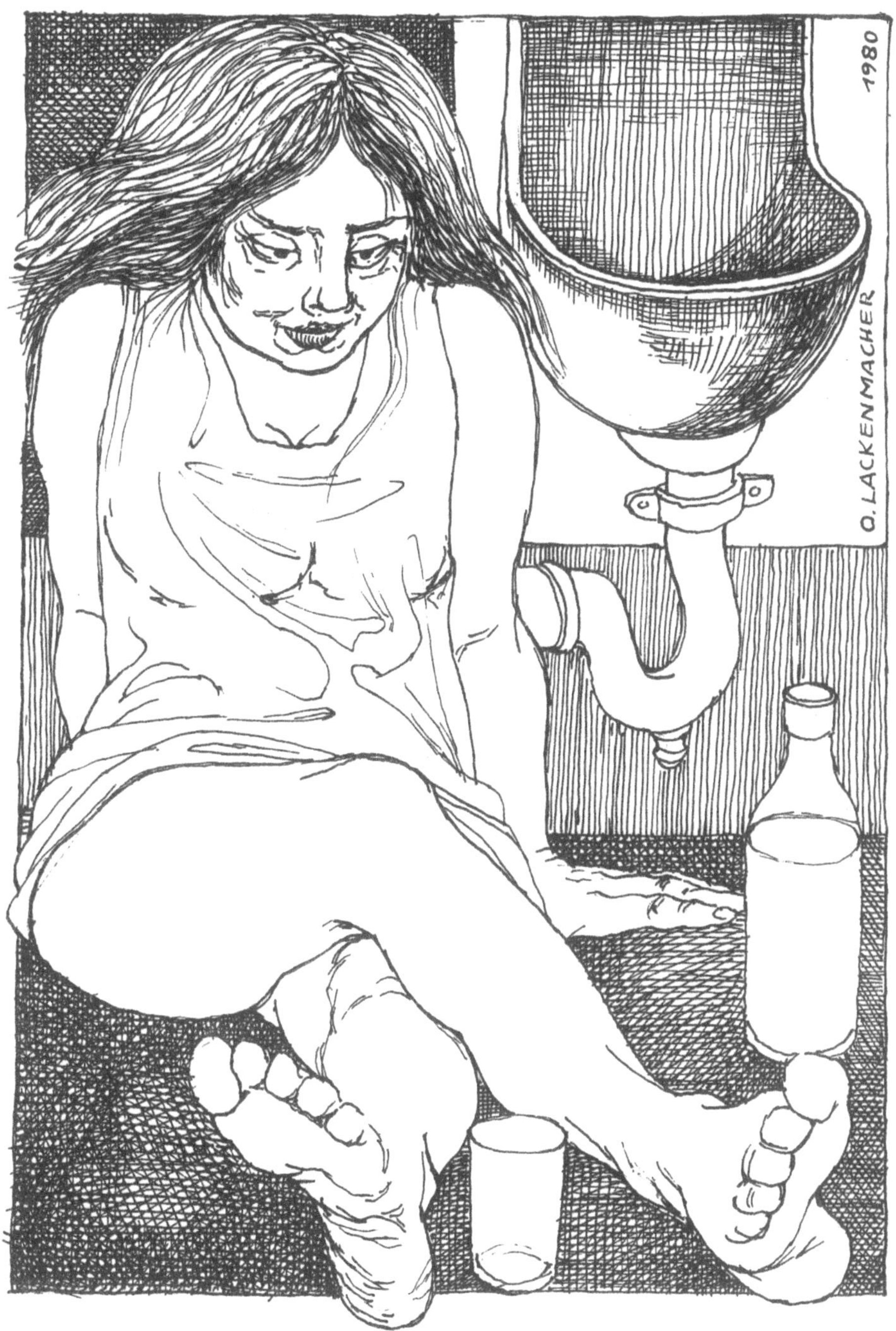
1980
O. LACKENMACHER

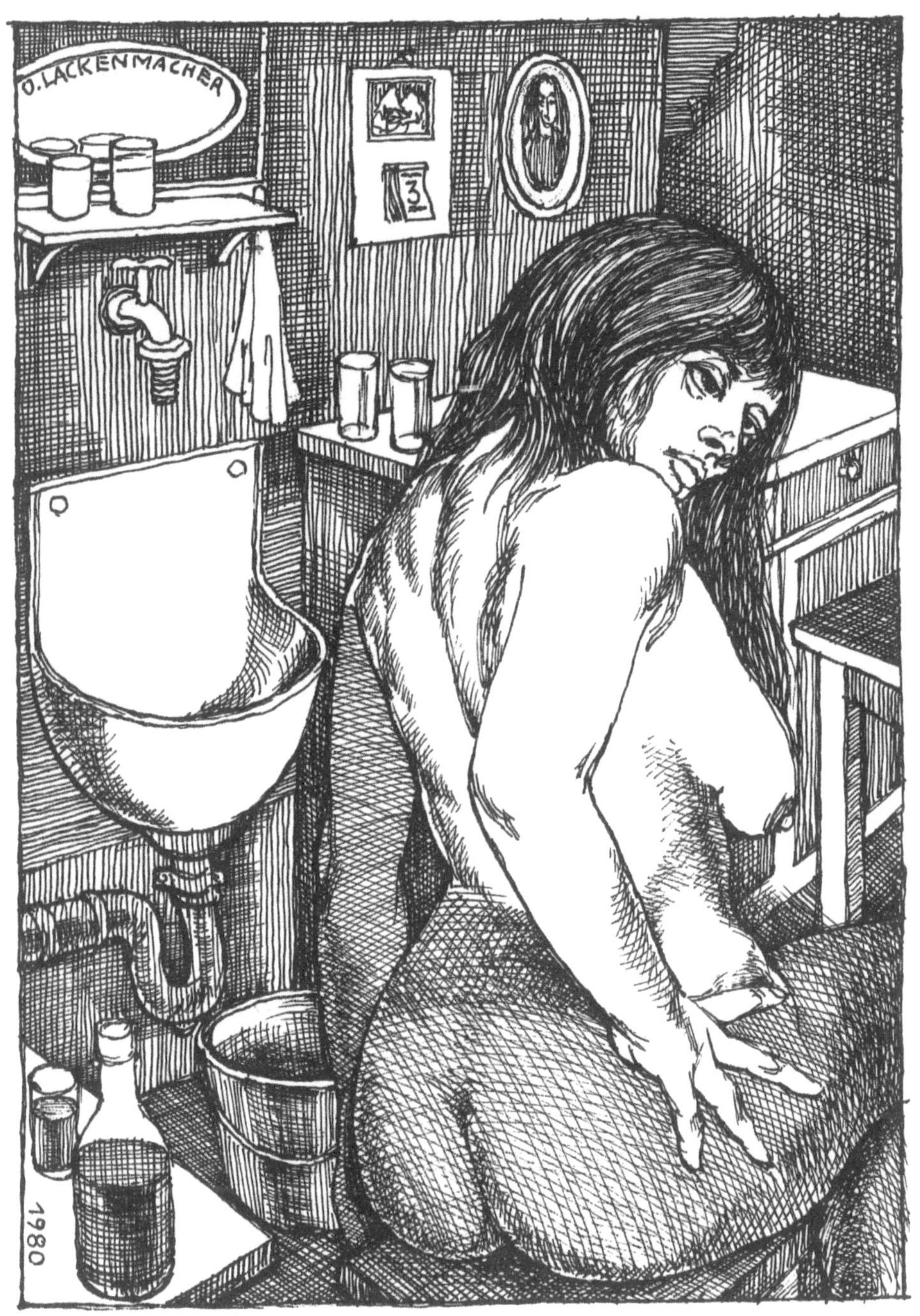

Küchenidyll mit Traumfrau

flickwerk

fiebernd näht die zeit
Zwangsjackenglückseligkeit
in all unser tun

hilmar ebert

zwiespalt

hinter dem haus bei krug und teller
innenhofmenschen und müll
zweie von vielen, hanne, klein ella
und ihr idyll
hinter der stirn bei wunsch und sein
geht ihren weg irgendwie halt
eine von vielen: hanne allein
mitten im zwiespalt

hilmar ebert

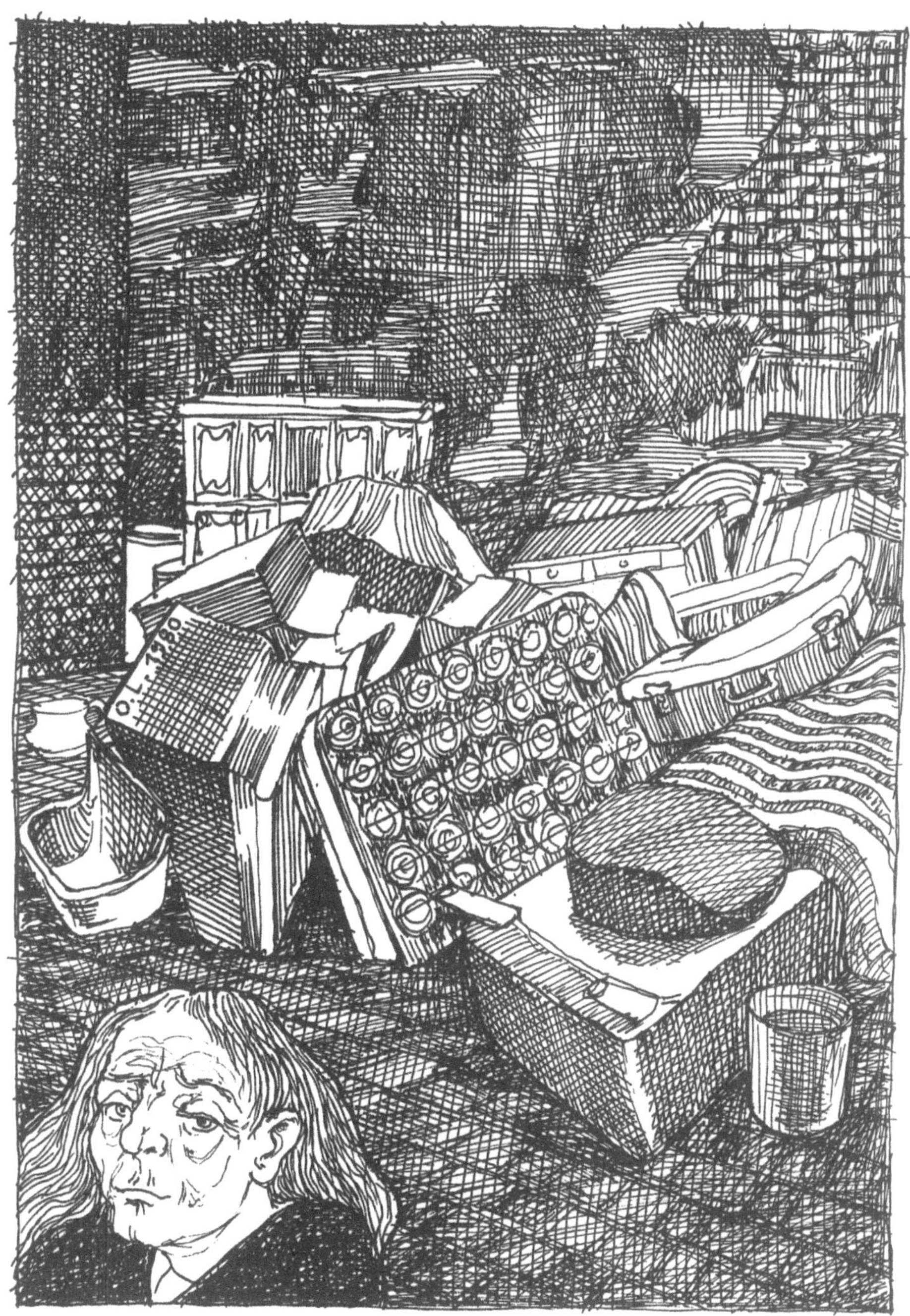

Naunynstraße 57

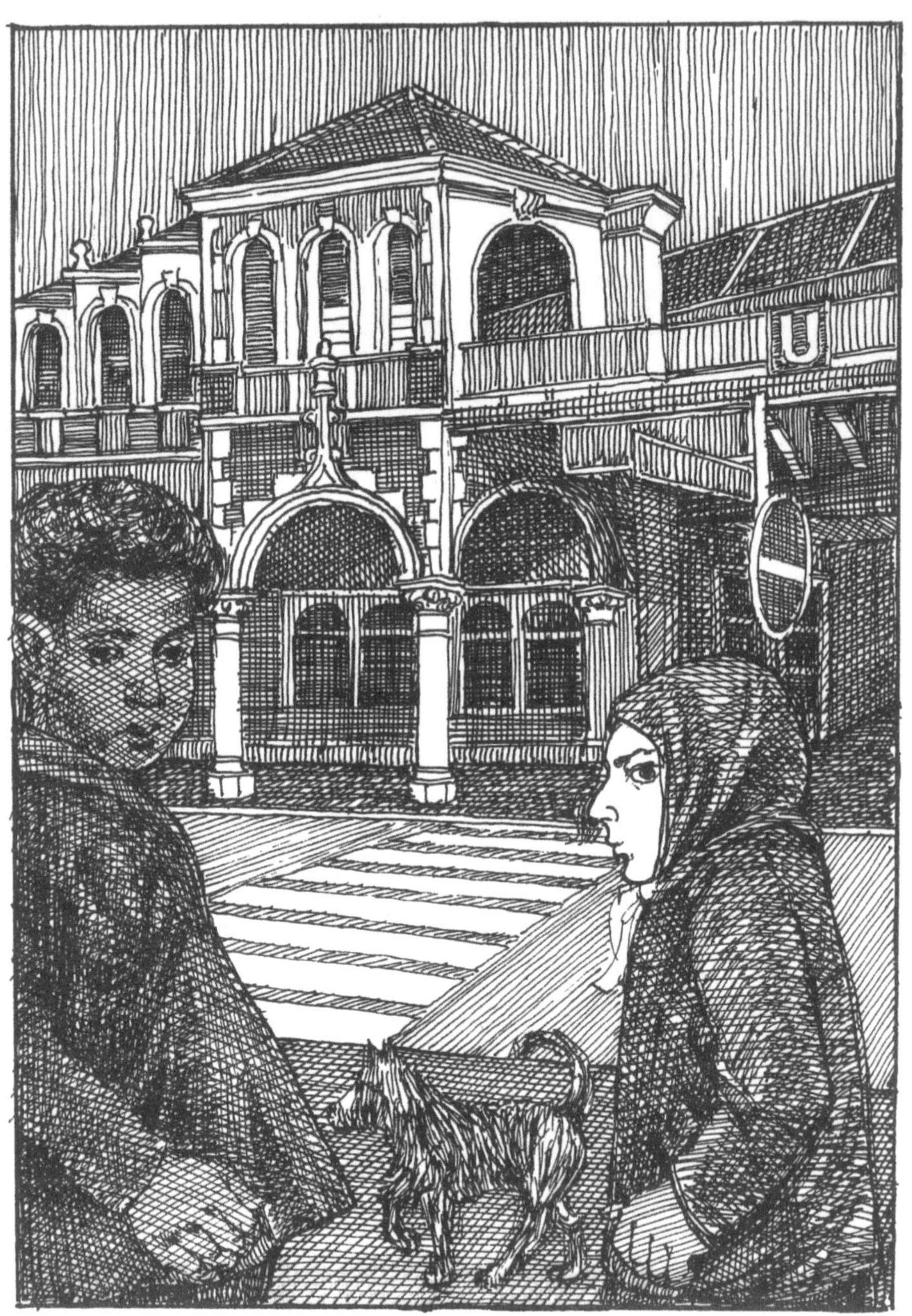

Schlesisches Tor

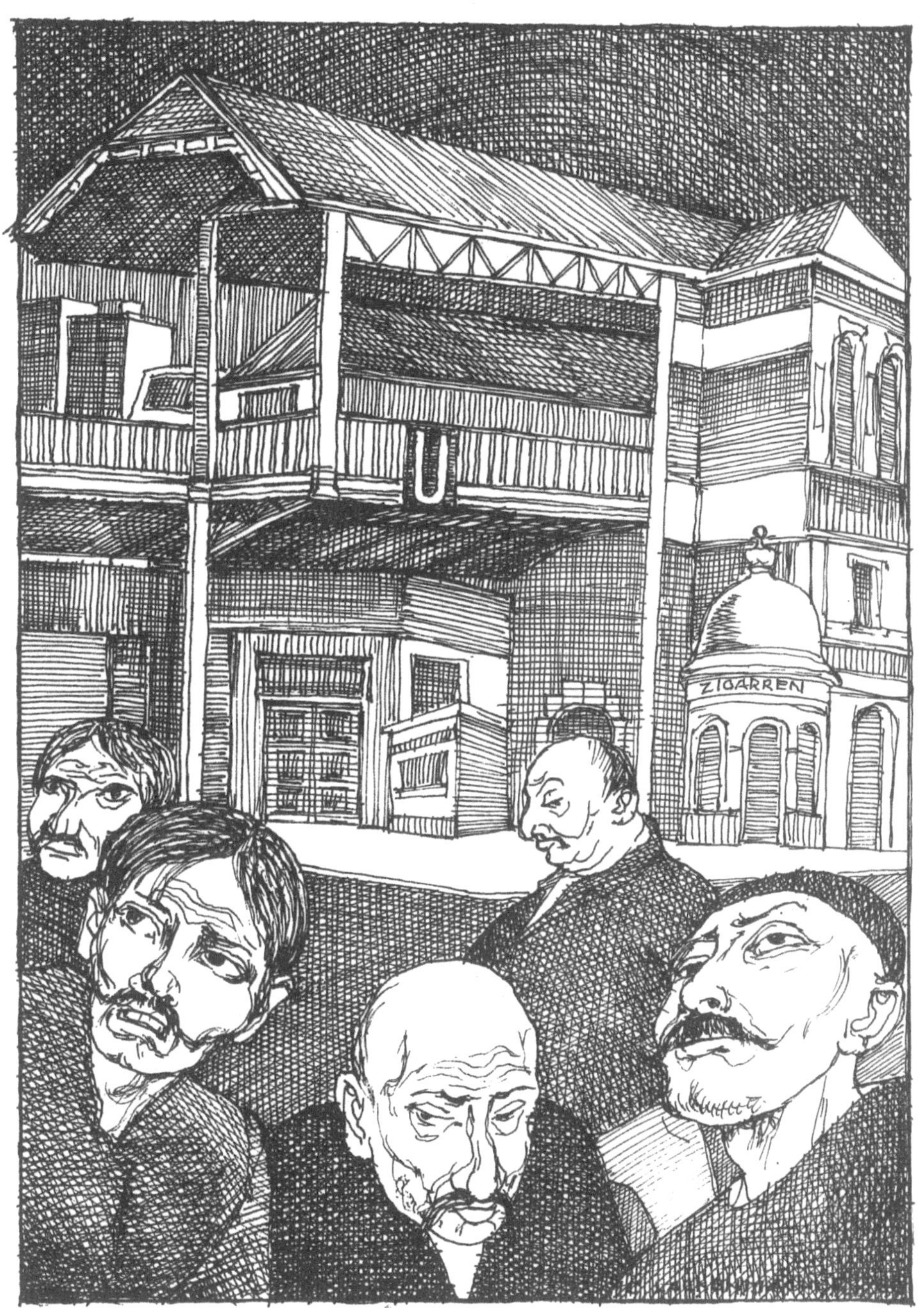

Schlesisches Tor

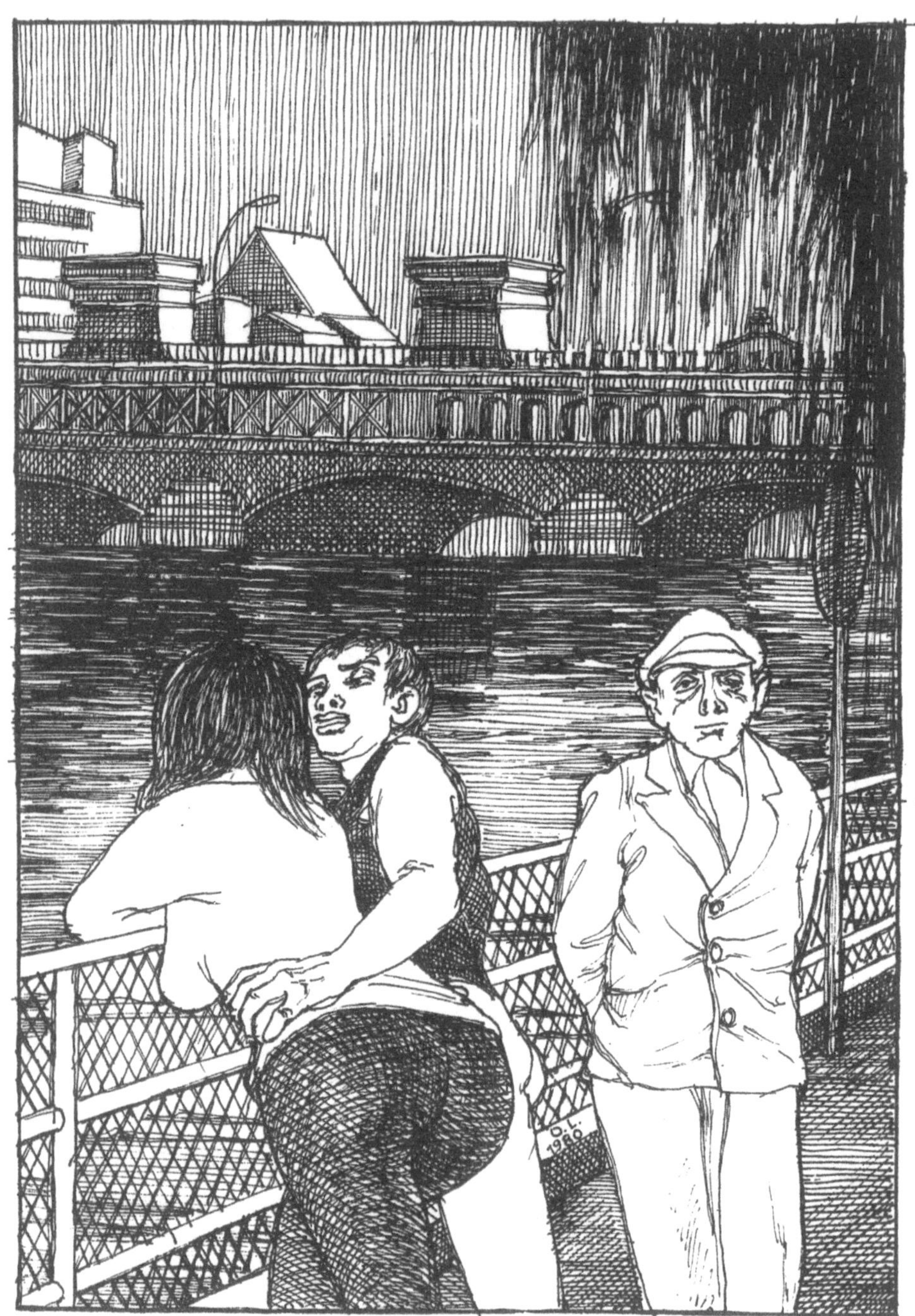

Oberbaumbrücke

arcabadie

rosa federn gezackt von
weißgelben Lichtersäumen umgeben
steht dieses Wolkenahornblatt
vorgeschoben am südwestlichen Himmel
im leuchtenden Mittelmeerhellblau
beim Trinken von Freude. Es klemmt!

Ulf Wagner

Im Sinne meines Abschieds
Zerspringt das Glas in meinem Fenster
Ein Mosaik aus tausend Scherben
Schwebt nun sehr nüchtern hier im Raum
Der Nachtwind lässt sie leicht erklingen
Wie Tage, die sich gut verstehen
Und über den Dächern verglüht ein Irrer
Sein goldener Staub fällt in mein Zimmer

Es ist dasselbe wie das gleiche
Am Ende der Vergangenheit
Es ist mit Dir und Mir soweit
Ein Mosaik aus Glas
Es ist der Klang des Nachtwinds
Der uns im Abschied noch begleitet
Es ist der goldene Staub verirrter Herzen
Der unseren Räumen Leben bringt

Im Sinne unseres Abschieds
Zerspringt das Glas in unseren Fenstern
Ein Mosaik aus tausend Scherben
Liegt nun sehr nüchtern hier am Boden
Das Licht des neuen Tages
Bricht sich sehr logisch an gewissen Kanten
Und hoch am Himmel erscheint ein Blödmann
Sein Zeigefinger verbreitet Lärm

Es ist dasselbe wie das gleiche
Am Ende der Vergangenheit
Es ist mit Dir und Mir soweit
Ein Mosaik aus Glas
Es ist durchschlagend wirkungslos
Wie Dinge, die sich selbst durchschlagen
Es ist der Lärm des Ewigen Blödmanns
Der uns zum Abschied herzlich grüßt

Wolfgang Künker

Die letzten Male.
ein langer Abschied mahnt.
Noch die Straße und grünliches Geäst,
ich lese ihre Zeichen, sie flüstern
mir zu – so oft
gezeichnet habe ich euch,
vielleicht genug; nun ziehe
ich meine Bannkreise, einen dünnen
Federstrich zum Schluss.
Das bleibt mir, ich werde
ihn sehen durch die Wirrnis
der Wurzeln und Späne.

Auf den Dächern die Katzen
wachen noch immer,
mit trägem Kopf, und hüten
die Löcher in den Wegen.
In denen ruhen viele Schritte,
und viel Vergangenheit
an den Häusern, Freunde und
die Länge eines frühen Lebens
an jedem Tritt.

Andere Gänge sind es
in den alten Wegen, andere Blicke
auf Zeugen, die sich verlieren,
Blicke, beschattet vom
Wanderhut, den sie tragen.

Christoph Mackert

Wenn ich in Deiner Nähe bin
Blick ich aufs Meer der kleinen Inseln
Auf dunklem Pergament aus Herzhaut
Sind sie mit Kobalttinte eingezeichnet
Im Windlicht meines Totenschiffs
Seh ich Dein strahlendes Gesicht
Die Turmaline Deiner dunklen Augen
Erzählen von der Zeit, die ich verschwende
Und durch das Fernglas aus gezacktem Gold
Seh ich die Ratten der Vergeltung
Sie bauen sich ihre ewigen Nester
In Deinem Haar aus Niemandsland
Und dort, wo dann das Schweigen haust
Wo du den Gläsern auf den Grund schaust
Und doch nur Augen für die andern hast
Da sag ich Dir:
Wenn ich in Deiner Nähe bin ...

Wolfgang Künker

Lied

Ich finde nicht den Ton,
mein Lied ist schlaff und bleiern.
Dabei treibt es mich schon:
Klar werden jetzt und feiern!

Hier hab ich nicht die Kraft,
von Sagen mich zu nähren.
Mein Dichterseelchen gafft
und döst, statt sich zu wehren.

Ein Wind schon brächte weit,
in Böen und aus Süden.
EIN Hauch von Läufigkeit -
und
ich wäre bei den Rüden.

Da draußen ist es hart.
Nichts Warmes und kein Brodeln.
Die Eiszeit sitzt und narrt
uns nachts mit ihrem Jodeln.

Der Mantel wird verhasst.
Er hindert nur am Tanzen.
Ein Fest! Und frei von Last
zerging ich in Romanzen.

Ein Wind! Ich wär bereit.
In Böen und aus Süden.
EIN Hauch von Läufigkeit -
und
ich jaulte mit den Rüden.

Der Sommer liegt erträumt
mir schwellend in den Adern.
Jetzt heißt es: Aufgebäumt
und Schluss mit diesem Hadern.

Die Hündin ist erwacht,
und mit ihr alle Sinne.
Das Eis bricht auf; und sacht
tropf´s in der Regenrinne.

Ein Wind kommt jetzt von weit,
in Böen und aus Süden.
Der Duft nach Läufigkeit!
Und
Ich heule mit den Rüden.

Christoph Mackert

endlich

die türen öffnen sich
das gefühl
zerfließen zu können

momente endlich
zu ewigkeiten
ausdehnen zu können

glücklich
ohne anspruch
sein zu können

in deinen händen
strömen flüsse
azurblaue seen
endlich ausgefüllt

landschaften
auf deiner haut
endlich erkannt

leuchten in deinen augen
endlich
als strahlung zu spüren

lachen, das im flug
erhascht werden kann
endlich zu lächeln

musik
zu tränen gebracht
endlich wieder zu hören
zeit nehmen
und zeit
endlich wieder
geben zu können

endlich traurig
mit dem wissen
des kommenden lächelns

die welt zu sein
alles leben zu sein
und gerne in diesem
oder jenem moment
zu sterben

es ist gut
meine zaghaft hingehaltene hand
füllt sich mit gefühl
schimmernder strom
der durch meine finger fließt

luzie saxophon

Süden

Und dann sitz ich da mit meinen Träumen
wollt so gern ganz südlich sein
Kokos raspeln unter Palmenbäumen
keltern einen starken Wein.
trunken von der Sonne Strahlen
kühlen mich in heißen Fluten
will mich von den bleichen, fahlen
Häuten lösen – bluten, bluten, bluten …

Rotz und Schnodder sollen fließen
Durch den weißen Filtersand
Schwarze Rosen sollen sprießen
Wo der Schweiß der Füße stand.

Und ihr sollt an meiner Seite liegen
ihr paar Menschen, die ich lieb
und fernab von den Intrigen
all das teilen, was uns blieb.
Unsre Zähne in die Früchte schlagen
unsre Zungen saugen die Natur
und ich spüre Lippen nagen
Fingernägel kratzen eine bittersüße Spur.

Da darf dann nicht ein Mikrometer Luft
zwischen unsern Körpern sein
und nur des andern Atem Duft
wird dann mein eigner Atem sein.

Ineinander wolln wir schlafen
eingekeilt und Arm in Hand
traurig denken an die braven
Bürger hier im kalten Land.
Schamlos werden wir erwachen
frei von Schund und Schuldgefühl
werden lachen, lachen, lachen
Und von neuem spielen unser liebes Spiel.

Keiner bräucht die Zärtlichkeit des anderen zu
säumen
bräucht nicht darum geliebt zu werden werben
so möcht ich nicht nur in meinen Träumen
im Süden und in euren Armen einmal sterben.

Uli Menze

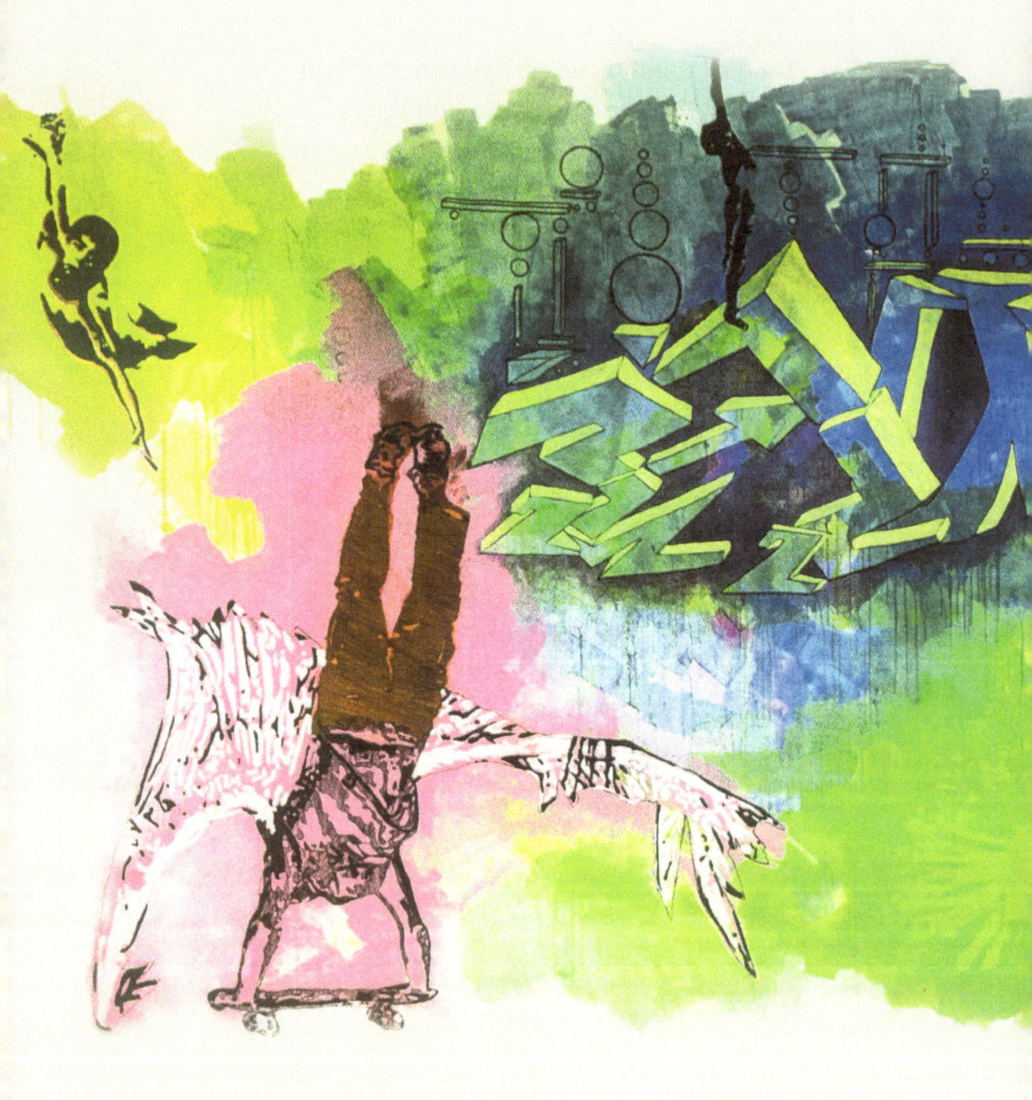

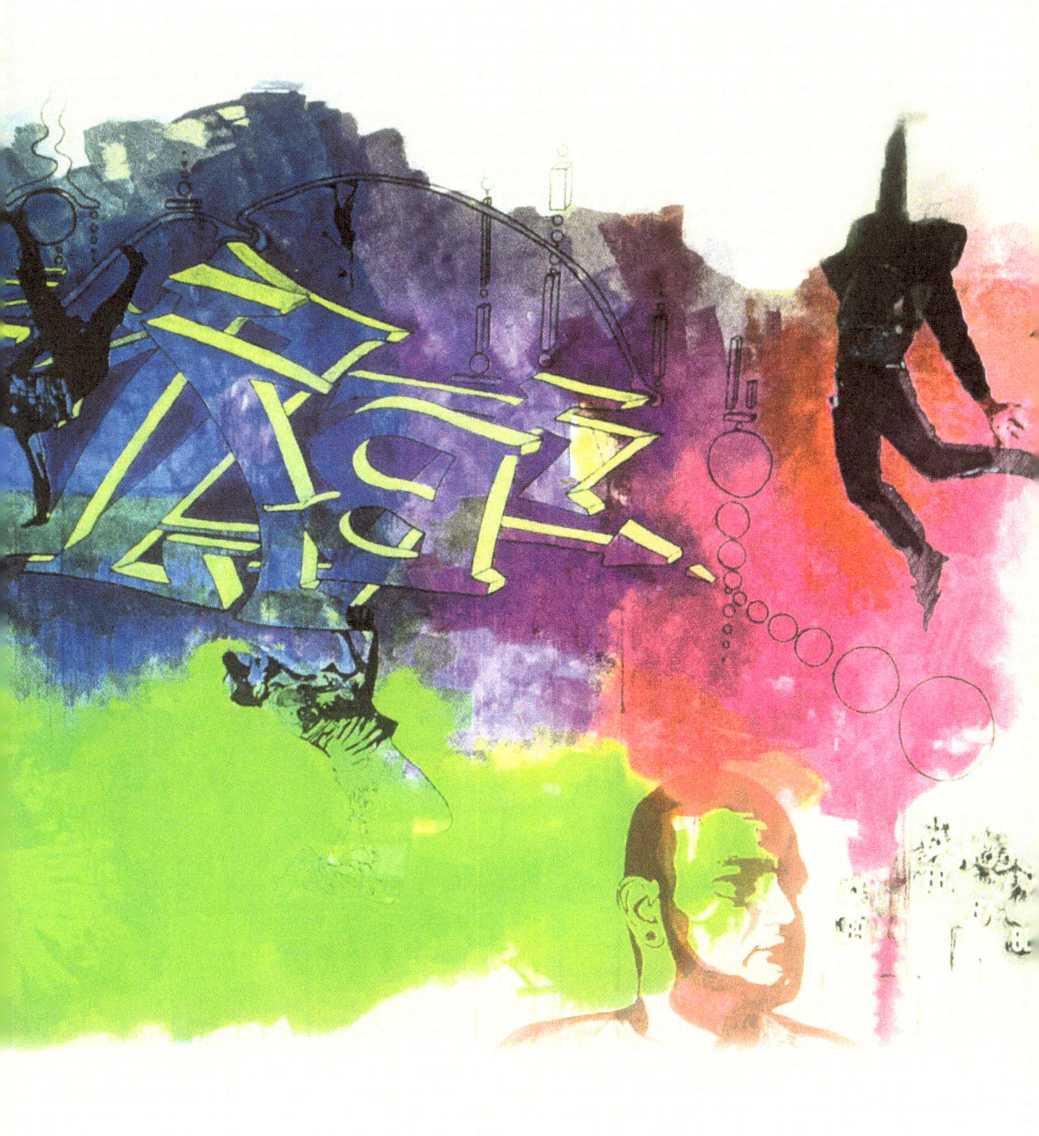

Mein Freund

Manchmal
wenn Dich
die Freude packt
und Dir
Hörner wachsen
und Du
Deine Vampirzähne
in die Gedanken schlägst
sind die Tage
voller Gedichte
und fließender
Gedankenströme

So fanden sie
auch mich
durch den Wolf gedreht
unter den Teppich gekehrt
in den Ritzen

Edna E. Huppert

Hilmar Alquiros
Sinn- und Wortakrobat

50 Jahre Freundschaft
50 Haifischkinder
E.E.HU

Haifisch-Kinder

Bertolt Brecht 1898-1956 zu Ehren

Nach der Melodie der Moritat von Mecki Messer
aus der Dreigroschenoper (1928) .... zu singen!

Für Neugierige:

www.hilmar-alquiros.de/haifischkinder.htm
www.hilmar-alquiros.de/gedichte.htm
www.hilmar-alquiros.de/kurzgeschichten.htm
www.hilmar-alquiros.de/masterpiece.htm
www.hilmar-alquiros.de/17%20Weisheiten.htm
www.hilmar-alquiros.de/retired!.htm
www.hilmar-alquiros.de/memoirs-Prelude.htm
www.tao-te-king.org

1
Denn das Leben
ist ein Sterben,
und es endet
mit dem Tod -

und dann freu'n sich
all die Erben,
denen bald das
gleiche droht ...

2
denn der Raum stellt
niemals fragen,
weil die Zeit sich
selber frisst -

und so musst du
es ertragen,
dass dein Zeitraum
sinnlos ist ...

3
denn das Glück gibt's
nur auf Raten,
von den Zinsen
rasch ergraut -

bis der Steinmetz
unsre Daten
auf den kalten
Marmor haut ...

4
denn die Hoffnung
ist das Leben,
und Verzweiflung
ist der Tod -

und so musst du
weiterstreben,
bis zum letzten
Gnadenbrot ...

5
und der Haifisch
schmiedet Pläne,
und er fordert
dich heraus -

und auch du zeigst
ihm die Zähne,
doch du beißt sie
dir nur aus ...

6
denn die Spitzen
der Gesellschaft
wissen nichts vom
kleinen Mann -

weil, wer sich ein
dickes Fell schafft,
keine Haut mehr
fühlen kann ...

7
und die Liebe
ist der Hafen
und der Tod das
hohe Meer -

um die Schiffe
zu bestrafen,
gibt das Meer sie
nicht mehr her ...

8
und die Sehnsucht
lässt uns leben,
die Erfüllung
bleibt ein Traum -

denn das Glück geht
oft daneben,
und von Dauer
ist es kaum ...

9
denn der Krieg dient
nicht dem Frieden,
wer das wirklich
meint, der spinnt -

doch bis heut' ist
nicht entschieden,
wer von beiden
je gewinnt ...

10
und die Blumen
auf den Wiesen
sind der Liebreiz
der Natur -

alle möchten
bloß genießen,
doch zerpflücken
sie sich nur ...

11
denn wir alle
suchen ständig
in der Praxis
Harmonie -

und wir wissen
tausendbändig
nur das Was und
nicht das Wie ...

12
denn das Herz möcht'
ja verzeihen,
doch der Kopf ist
voller Wut -

magst du diesen
nicht befreien,
fühlt sich jenes
auch nicht gut ...

13
denn wer nicht liebt,
bleibt oft einsam,
und wer liebt, bleibt
selten frei -

und so lebt sich's
oft recht peinsam,
was für'n Mensch man
da auch sei ...

14
denn die einen
woll'n es zwingen,
andre dulden
viel zu viel -

mit 'ner Spur von
beiden Dingen
hätt' die Mitte
mehr vom Spiel ...

15
denn wer hasst, kennt
wenig Liebe,
und wer liebt, kennt
kaum noch Hass -

dass der Menschheit
beides bliebe,
darauf aber
ist Verlass ...

16
und wie töricht
all die Zwiste,
das Bewusstsein
bleibt nicht aus:

jeder springt mal
in die Kiste,
doch sprang keiner
je heraus ...

17
denn das Glück be-
ruht auf Leiden,
und das Leiden
harrt im Glück -

oft verschwindet
eins von beiden,
und das andre
kehrt zurück ...

18
alle Sehnsucht
nach dem Leben
kennt am Ende
keinen Lohn -

warum für die
Liebe werben,
schließlich: wer ver-
steht sie schon ...

19
das Gesunde
wird marode,
auch der Wald stirbt
nun total -

denn der Wahnsinn
hat Methode,
und der Irrsinn
wird normal ...

20
nach der Liebe
kommt das Leiden,
und der Zwietracht
folgt der Zorn -

doch selbst Ehen
kann man scheiden,
und dann läuft das
Spiel von vorn ...

21
Freunde kommen,
Freunde gehen,
und so wird es
immer sein -

manchmal gibt's ein
Wiedersehen,
aber meist bleibt
man allein ...

22
glaubst zu schieben,
wirst geschoben,
und du hast zu
früh gelacht -

denn man soll den
Tag nicht loben
vor dem Abend
und der Nacht ...

23
die Enttäuschung
überpinseln,
weiter geht es:
vorwärts, los!

doch die Freude
wohnt auf Inseln,
und das Meer ist
riesengroß ...

24
wenn du noch so
überzeugt scheinst,
bleib' der Skepsis
auf der Spur -

sag nicht ja, wenn
du doch nein meinst,
Kompromisse
schaden nur ...

25
ist der Abschied
nicht zu fassen,
wo man einst die
Liebe sah -

hilft kein Tun, da
hilft nur Lassen,
das ist traurig,
aber wahr ...

26
denn der Tod ist
oft ein Segen
und zugleich ein
schwarzes Loch -

ja, da hilft kein
Überlegen,
unabwendlich
kommt er doch ...

27
nur die Liebe
sei der Weg und
sei das höchste
Lebensziel?

doch der Tod war
dein Beweggrund,
dass das Leben
erst gefiel ...

28
denn wer ahnt schon,
was gescheh'n kann,
wird man krank, bleibt
man gesund -

denn die Kräfte,
die man sehn kann,
sind nur Wirkung,
nicht der Grund ...

29
wer die andern
und sich selbst quält,
wird sich stets im
Kreise drehn -

der, für den nur
die Gewalt zählt,
wird gewaltsam
untergehn ...

30
was nichts kostet,
kann nichts wert sein,
meint der Erzka-
pitalist

doch daran muss
was verkehrt sein,
wie ihr schließlich
alle wisst ...

31
dem Verzicht auf
die Erwartung
folgt das Glück ganz
unverhofft -

doch zur Lebens-
kunstentartung
führt das Haben-
wollen oft ...

32
jede Krankheit
sei halt psychisch,
wie es heut' so
gerne heißt -

doch bewohnt ja
- metaphysisch!
Leib und Seele
nur ein Geist ...

33
auch der Haifisch
muss mal sterben,
denn der Tod ist
ganz gewiss -

auf Gedeih und
auf Verderben
macht er bald den
letzten Biss ...

34
und die Lüge
zieht vom Leder,
und sie erntet
noch Applaus -

denn die Wahrheit
kennt ein jeder,
aber niemand
hält sie aus ...

35
und man sonnt sich
in der Fülle
seiner Pose
nur zu gern -

doch der Kern ist
nicht die Hülle,
und die Hülle
nicht der Kern ...

36
ob voll Sünde
oder Tugend,
ob alleine,
ob zu zwot -

nach der Kindheit
kommt die Jugend,
auf die Reife
folgt der Tod ...

37
alles Leben
ist gefangen
in dem eher-
nen Gesetz:

nach dem Tod bleibt
man vergangen,
alles andre
ist Geschwätz ...

38
nach dem Tod ver-
liert das Streben
seinen lebens-
langen Rang

vor dem Tod kommt
noch das Leben,
doch das Vorspiel
währt nicht lang ...

39
willst du ehrlich
sein, begreif' es:
Illusionen
sind naiv -

Pessimismus
hat 'was Reifes,
Optimismus
geht oft schief ...

40
denn das Sein kann
man nicht haben,
nimm den Abschied
nicht zu schwer -

wird der Haifisch
nun begraben,
folgst du bald schon
hinterher ...

41
und das Schicksal
weiß es besser,
denn es hat die
Übersicht -

und es liefert
dich an's Messer,
doch warum, das
sagt es nicht ...

42
alles strebt nur
nach Vernichtung,
alles Leben
muss vergehn -

denn die Zeit hat
eine Richtung,
und sie bleibt auch
niemals stehn ...

43
wer zu reich ist,
macht sich Sorgen,
wer zu arm ist,
der erkrankt -

beide konnten
sich nur borgen,
was der Tod zu-
rückverlangt ...

44
wer nichts tut,
gilt als Versager,
wer zuviel tut,
lebt im Stress -

wechselt man auch
mal das Lager,
nützt das gar nichts
mehr indes ...

45
denn der eine,
der ist tüchtig,
und der andre,
der ist dumm -

doch ist beides
nicht so wichtig,
denn die Zeit ist
eh bald um ...

46
denn der Tod hat
leise Sohlen,
weil man gern durch's
Leben döst -

wolltest gerade
Atem holen,
war auch dies Pro-
blem gelöst ...

47
denn die einen
sind ganz anders
und die andern
etabliert -

doch den Sinn des
Miteinanders
haben beide
nicht kapiert ...

48
was bringt all das
Mordsgetue
und das Über-
angebot

denn die Kraft liegt
in der Ruhe,
und am ruhigsten
ist der Tod ...

49
wo man hobelt,
fallen Späne,
und das fühlt sich
nie gut an -

und der Haifisch
wetzt die Zähne,
dass er besser
hobeln kann ...

50
ist das Leben
auch verderblich,
pflanzt es sich doch
ständig fort -

ach, der Tod nur
ist unsterblich,
und das war mein
letztes Wort ...!

zeit-bombe

denn am anfang
war das nichts,
und erst viel später
kam das sein -
und dazwischen
schlug die schöpfung
wie 'ne wahre
bombe ein

erst ein urknall,
was auch immer
dieses wort
bedeuten mag,
dann materie
und bewusstsein,
von der wiege
bis zum sarg

und der tod liegt
auf der lauer,
wer gejagt wird
den erwischt's -
denn das sein ist
nicht von dauer,
und am ende
steht das nichts ...

hilmar alquiros
© hilmar allquiros 1983 / 1992 (h.a., rough translation, 2020)

Wie ein geladenes Teilchen im elektrischen Feld
bewege ich mich zu rapide in dieser hektischen Welt.
Träume von den Sternen und der Unendlichkeit,
Hauptsache, dass man lebendig bleibt.

Will es bunt malen, das Geheimnis der Zahlen,
was mich wach hielt und ich im Traum begriff,
da oben allein in einem Raumschiff.
Irgendwo zwischen den Sternen,
die sich voneinander entfernen,
um auf elliptischen Bahnen wiederzukehren.
So wie ich von meiner Reise durch die Galaxien,
jetzt Passagier in der U-Bahn
unter den Straßen von Berlin.

Tirell LDR

INHALTVERZEICHNIS

Geboren 1934 als Edna Erika Huppert,
ab 1963 gelebt als Edna Schmidt,
kehrte ich 1999 zu meinen Wurzeln zurück.

Als bunter Vogel
flog ich davon
Unter falschem Namen
lebte ich
an bewegtem Ort
Im Rückwärtsgang
mit lahmen Flügeln
näherte ich mich
meinem Namen
Ich habe mir meinen Familiennamen
angezogen wie ein Fremdwort
Ich stottere ...
E.E.HU